スポーツボランティア読本

「支えるスポーツ」の魅力とは？

二宮 雅也

supply

sign language

cheer

to help each other

coaching

guidance

referee

guide runner

Interpreter 通訳

support

悠光堂

目　次

はじめに …………………………………………………………………… 4

巻頭インタビュー
　二宮雅也に聞く「スポーツボランティア」とは何か ……………… 6

第1章　スポーツボランティアを知る

　1　さまざまなスポーツボランティア活動 ………………………… 14
　　column　オリンピックの醍醐味
　　　―ロンドン、ソチ、そしてリオデジャネイロへ― ………… 32
　2　オリンピック・パラリンピックとスポーツボランティア ……… 38
　　column　パラリンピックとボランティアの様子
　　　―障がい者スポーツを支えるということ― ………………… 51
　3　ボランティアとスポーツボランティア ………………………… 57
　4　スポーツボランティアの現状
　　　―データでみるスポーツボランティア― …………………… 69
　　column　仙台市におけるスポーツボランティア
　　　―SV2004の活動から― ……………………………………… 78

第2章　スポーツボランティアを楽しむ

　座談会　スポーツボランティアの世界に迫る ……………………… 82
　1　アダプテッドスポーツへの理解 ………………………………… 94
　　column　伴走ボランティアの世界 …………………………… 103
　2　支えるスポーツのリアリティ
　　　―立山登山マラニックのフィールドワークから― …………… 107

第3章　スポーツボランティアを拡げる

1　スポーツボランティアの人材育成 ……………………………………… 120

2　スポーツボランティアの未来

　―スポーツボランティア文化の醸成― ……………………… 130

　`column`　　スポーツボランティアにかける夢 ……………………… 140

おわりに ……………………………………………………………………… 142

引用・参考文献、資料 ……………………………………………………… 147

はじめに

　東京2020オリンピック・パラリンピックを、どのように迎えるか。一流アスリートの競技観戦を楽しみにという人たちはもちろん、選手として出場を夢見て練習に励む競技者も少なくない。そして忘れてならないのは、大会運営をサポートしようという活動に参加する人たちである。

　スポーツは従来、「する」もの、「観る」ものと捉えられてきた。そこに「支える」という要素を加えて考えようという動きが活発化している。この「する」「観る」「支える」、3つの側面に関心を持つことで、スポーツがより深く楽しめるようになるに違いない。

　本書は、スポーツを「支える」活動、つまり「スポーツボランティア」が現代スポーツの構造を理解するうえでいかに重要かを考えるために編まれた。

　私にも経験があるが、少年野球をしている子どもの父親が、自分の車にチームメートを乗せて送り迎えする。母親たちがお弁当のおにぎりを差し入れてくれる。そんな活動は日本でも、スポーツの中に当たり前のように存在していた。堅苦しく考える必要はなく、それがスポーツボランティアの初歩なのである。

　そうした活動がいかにスポーツ環境を支える仕組みとして

理解され、それに携わる活動を魅力的に捉えることができるのか。すでにそうした取り組みが各地で展開され、成果を生み出しているものもある。それは、全国各地域でのさまざまなスポーツ活動においてもみることができる。

　スポーツボランティアというスポーツへの関わり方をぜひ知ってほしい。本書にはそうした熱い思いを持った多くの人たちの体験談も満載した。

　2020 年に向けて、スポーツボランティアを始めてみたいという人たちはもちろん、スポーツを楽しむうえでのボランティアのあり方に少しでも関心のある方に、この入門書をぜひお薦めしたい。

二宮 雅也

巻頭インタビュー

二宮雅也に聞く
「スポーツボランティア」とは何か

二宮　雅也　Ninomiya Masaya

初めてのスポーツボランティア参加は、高校2年生の時の「車いす登山」。以降、東京マラソンボランティアリーダー、立山登山マラニック等でボランティアを経験。最近は学生とともに「さいたま国際マラソン」にボランティアとして参加した。

──スポーツボランティアという言葉を初めて耳にするという人もいます。

二宮　そうした人たちには、特別な活動ではないということを伝えています。「はじめに」でも書いたように、少年野球をしている子どもの父親が運転する車にチームメートも同乗する、母親たちが差し入れをする。野球の得意なおじさんが少年たちに野球を教えることもそうです。身近な活動は以前から日本の社会にもあったことであり、スポーツボランティアもそうしたところからイメージしてもらいたいと思います。

──ボランティアを募集すること自体は以前からありますね。

二宮　日本には、スポーツイベント

実は身近!?
読者の皆さんも
すでに実践者
かもしれません

を多くの人たちが支えた歴史があるのです。「動員」という形でお手伝いせざるを得ない人たちもいたのでしょうが……。市民の方たちにボランティアという形での参加を呼びかけたのは1985（昭和60）年のユニバーシアード神戸大会が最初です。そこから大きなイベントでボランティア人材を運営に生かすケースが増え、98年の長野冬季オリンピック、2002年のFIFAワールドカップでは、かなり組織だったボランティア募集がなされています。

——そしてスポーツボランティアの組織も生まれてきました。
二宮 そうした組織としては、オリンピックの元マラソン選手、宇佐美彰朗さんらの市民グループが動き出したのが早いケースです。宇佐美さんが「日本スポーツボランティア・アソシエーション（NSVA）」の活動を始めたのがちょうど2000年頃で、国内では先駆的な取り組みだったと思います。その後、東京マラソンの企画が始まり、2007年の第1

回大会において1万人規模の市民ボランティアが市民ランナーを支える形で構築されました。

——笹川スポーツ財団のバックアップも大きかったようですね。
二宮 その通りです。笹川スポーツ財団も早くから、諸外国で開催している都市型マラソン大会について、事例調査を進めていました。その結果、大会運営の中心となっているボランティアに着目し、2005年に東京マラソンに向けて「スポーツボランティア・リーダー養成研修会」をスタート、最初の東京マラソンでは700人のボランティアリーダーを送り出しています。

——「する」「観る」、そして「支える」の3つが一緒になって、子どもからご高齢の方までスポーツを楽しむ幅が広がってきましたね。
二宮 2020年に東京2020オリンピック・パラリンピックがやってきます。もちろん選手として出場を目指す選手たちには頑張って力を伸ばしてもらいたい。そしてまた、世界からやってくる一流選手の競技を観戦することを楽しみにする人たちも多い。それから、競技場で誘導や清掃をしたり、運営を手伝うといったことをわくわくしながら待っている市民も少なくない。ボランティア活動には小学生からご高齢の方まで、みんなが参加できるのです。東京での開催を成

功させる、さらに外国からのお客さん
に日本のよさを知ってもらうためにも
スポーツボランティアをもっと広めて
いく必要がありそうです。

——そうした取り組みが 2020 年まで
盛り上がっていく……。
二宮 そうです。ただし、スポーツボ
ランティアはメガ・イベントを支える
ためだけのものではないことも強調し
たいですね。地域での日々のクラブ活

> 新しいスポーツ
> 参加の形が
> スポーツ
> ボランティア。
> ボランティアの広がりが
> 楽しみの広がりが
> 生まれています

動を支援したり、障がい者スポーツを支える人たちもスポーツボラン
ティアです。いま各地で、視覚障がいのあるランナーのための伴走者研
修会なども多く開かれるようになっています。NSVA では「伴走教室
の出前指導」を北海道から沖縄まで全国で展開し、手ごたえを感じてい
ます。2020 年をバネにするのは当然ですが、そこを通過点と捉えてス
ポーツボランティアを息長く育てることが大切です。

——そうしたボランティアのリーダーも含めて、指導者育成でも組織的
な取り組みは始まっていますか。
二宮 「日本スポーツボランティアネットワーク（JSVN）」では初心者
から上級者（スポーツボランティア・リーダーやスポーツボランティア・
コーディネーター）を育成するための講習会や研修会を開催するほか、
ボランティアのネットワークづくりに本腰で動き出しています。宇佐美
さんと協力して、NSVA の中で「日本スポーツボランティア学会」を
運営し、これからのボランティアのあり方についても議論を重ねていま
す。日本でも、自らすすんで行動する人たちが増えることでスポーツを
より豊かなものにできると考えています。

「選手がボランティアすることもある。ボランティアに立場は関係ない。」

――若い人たちにも積極的に参加してもらいたいですね。

二宮 日本の経済がかつてのような好調さをなくしたことで、若い人たちの生活にも時間的・経済的な余裕がなくなりつつあります。自分の生活や育児に追われる中で、ボランティアに出ていく時間的なゆとりも十分ではありません。大学生たちも希望する就職ができるように忙しい日々を送ります。ボランティアですから、謝礼や見返りを求めてはいけない、という原則はあるでしょう。しかしそうすると、生活に余裕のある人にしかボランティアはできない、といった状況も生まれます。私は「スポーツボランティアは自分のためにする。それでもいい」と言っています。まずは、やりたいと思った人がやれる環境を構築することが大切です。ボランティアの経験がキャリアアップにつながる。結果的に社会のためになっているのですから、動機は柔軟に考えていいと思っています。

――これからの展開を考えるうえで重要なことは。

二宮 もう一つ大切なのは、強者が弱者を助けるという一方向の活躍ではないということ。例えば、健常者と障がい者の関係でも、今、障がいのある人たちも積極的にボランティアに参加しようとしています。熊本地震の被災者は、その前の東日本大震災では東北の人たちを支援し、今東北からさまざまな支援を受け入れています。常に、自分が助けられる側にまわる可能性があるのです。助ける、助けられる関係ではなく、助け合いの関係性なわけです。

　今、できる範囲での活動を模索し、チャレンジしてみる、そう考えることが高齢者のボランティア参加などにも好影響を生みます。また、スポーツを「する人」「観る人」「支える人」と固定的に捉えることも、有益ではありません。競技を観たり、支援したりするうちに、自分もいろいろなことにチャレンジしてみたくなる。アスリートがスタンドで応援したり、ジュニアクラブで指導したりすることもある。地方での大会観戦やスポーツボランティアに参加すれば、その地域の観光業を活性化するといった効用も生まれます。スポーツをそうした広がりのある文化として育てていくことが重要だと思います。ぜひ読者の皆さんも「する」「観る」「支える」にチャレンジしてください。

巻頭インタビュー　　11

第1章
スポーツボランティアを知る

1 さまざまな
スポーツボランティア活動

　私は、かつて茨城県鹿嶋市にある「カシマサッカースタジアム」で日雇いのアルバイトをしていた。業務内容は、試合前の会場整備、ならびに試合中に負傷した選手を運ぶ担架係である。他にも、不定期にプロゴルフトーナメントのアルバイトも行った。「Quiet Please」と書かれた札を持ちギャラリーに静止を呼びかけた。最近では、こうした業務もそのほとんどがスポーツボランティアによって行われている。

　また、教育実習でお世話になった中学校に、定期的に部活動の指導へ行ったこともあった。当時、外部指導者という明確な位置づけもなかったが、活動を振り返ると、スポーツ実践を支えるスポーツボランティアだったことに気づく。

　今日、インターネットの検索サイトで「スポーツボランティア」とキーワードを入れると、実にさまざまな内容がヒットする。すべてを網羅することはできないが、ここではいくつかのスポーツボランティア活動を紹介しながら、その領域の広さと活動の多様性について考えてみたい。

トップスポーツとスポーツボランティア

　野球、サッカー、バスケットボール、バレーボールなど、国内のさまざまなトップスポーツにおいて、地域貢献（ホームタウン）活動や地域密着の活動が行われている。こうした流れは、1993 年の J リーグの誕生以降、特に顕著である。トップスポーツチームは、スポーツボランティアをどのように活用しているのだろうか。

　公益財団法人笹川スポーツ財団（以下、笹川スポーツ財団）が行った「スポーツにおけるボランティア活動活性化のための調査研究（スポー

ツにおけるボランティア活動を担う組織・団体活性化のための実践研究)」(2015年)では、トップスポーツチームにおける現在のボランティアの活動状況について、58.3％が活用しているという状況である。また、トップスポーツチームが活用している組織・団体の登録者の活動内容をみると、「プログラムやチラシ等の配布」「チケットもぎり」「チケットチェック」「誘導」「会場内の清掃」「チームが主催するイベントの運営補助」等が多くなっている。

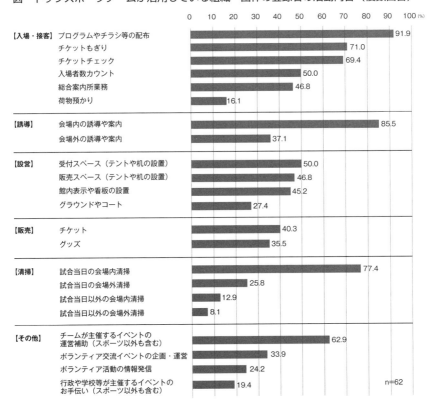

図　トップスポーツチームが活用している組織・団体の登録者の活動内容（複数回答）

出所：笹川スポーツ財団「スポーツにおけるボランティア活動活性化のための調査研究（スポーツにおけるボランティア活動を担う組織・団体活性化のための実践研究）」より筆者が作成

Ｊリーグのボランティアについてみてみよう。岐阜県岐阜市にあるＪリーグチーム「FC岐阜」を支えるのは「グリーンズ」という運営ボランティアである。「グリーンズ」の活動内容は図の通りである。

図　「グリーンズ」の活動内容

◆前日ボランティア
13：00～17：00
【活動内容】
①配布物準備

スケジュール
13：00～13：35　ミーティング
13：35～16：50　作業
16：50～17：00　終礼

◆当日ボランティア
キックオフ4時間前～試合終了後1時間
【活動内容】
①シート拭き
②入場ゲート配布
③各ブース
④ゴミの分別
⑤片付け
⑥場内清掃

スケジュール
ミーティング
↓
シート拭き / エコステ
↓
ゲート配布 / 各ブース / エコステ
↓
スタジアム清掃・片付け
↓
終礼

表　1日の活動の流れ

9：00	長良川競技場1階で受付を済ませ、専用のウェアを受け取りグリーンズの控え室に集合 事前打合せ　その後、座席の雑巾がけなどの活動を行う
10：00	活動場所の確認
10：30	持ち場に移動 メインゲートにてシーズンチケットのお客様の先行入場が始まるので、各々の配置につく
11：00	ビジターゲートの一般入場が始まるので、配布物の担当は配置につき、活動開始
13：30～	キックオフ
15：00～	試合終了 全員で撤収作業、ゴミ拾い、ゴミの分別などを行う
16：00	当日の反省会を行い解散

出所：FC岐阜運営ボランティアグリーンズホームページ[1] 掲載情報より筆者が作成

（1）http://fcgifu-greens.jimdo.com/（最終アクセス日：2016年11月17日）

主に、試合前日のマッチデープログラムや各種チラシ等の配布物の準備と、試合当日の各種業務を行っている。試合当日の詳細活動については、図・表のように説明されている。またこの他にも、AED 等の講習やボランティア同士の交流会も開催している。

　神奈川県川崎市をホームタウンとする「川崎フロンターレ」では、当初は 5 名だったボランティアが 2014 年度には 245 名にまで増加し、年間延べ 157 日活動を行っている。主な活動内容は、等々力陸上競技場で行われるホームゲームにおける活動と、それ以外に川崎市内等で行われるチームイベントにおける活動である。川崎フロンターレでは、ボランティア活動に「ポイント制度」を取り入れ、一定数の活動を行ったボランティアには、監督や選手も参加する「ボランティア納会」への参加が認められるなどの工夫を行っている。その他にも、慰労会や交流会を実施し、ボランティアの交流を促進し、活動が固定化しない工夫を行っている。

　Jリーグ以外にも、各地域にはさまざまなトップスポーツチームが存在している。そうしたチームをまとめて支援する動きもある。香川県にある「スポサポ香川」もその一つである。香川県内には、4 つの地域密着型スポーツチーム「香川アイスフェローズ」（アイスホッケー）、「香川オリーブガイナーズ」（野球）、「カマタマーレ讃岐」（サッカー）、「高松ファイブアローズ」（バスケット）の各リーグチームがある。「スポサポ香川」に登録すると、それぞれのチームでボランティア登録をすることなく、4 チーム共通のボランティアキャストとして、各チームの試合運営等に携わることができる。地域にあるスポーツ資源をネットワーク化し、スポーツボランティアを幅広く楽しんでもらう試みの一つでもあり、種目を超えて、地域でスポーツを支えるシステムでもある。

　また、2015 年にイギリスで開催されたラグビーワールドカップにおいて、著しい躍進を遂げた日本代表であるが、ラグビーの世界最高峰リーグである「スーパーラグビー」に日本チームである「サンウルフルズ」が 2016 年より参戦している。2019 年に日本で開催されるラグビーワー

1　さまざまなスポーツボランティア活動　　17

ルドカップを前に、広い意味でのラグビー文化の浸透が期待される今日であるが、現在、スーパーラグビーにおいても一般ボランティアの募集が検討されている。このように、今後、さまざまなトップスポーツリーグにおけるボランティアの活用が期待される。それぞれのファンにとっては、観戦だけでない関わり方が広がるであろう。

　地域にトップスポーツチームが存在するということは、所属する選手が地域で行うボランティア活動にも期待が高まる。ジュニアのスポーツ指導や地域のイベントに参加するなどの社会貢献活動は、その地域のスポーツ文化の向上や活性化にもつながる。各地域でトップスポーツを支えていくためには、そのファンとともに、スポーツボランティアによる具体的な支援がとても重要である。各チームのスポーツボランティアマネジメントとともに、地域社会全体でどのように支えることができるのか、そのシステム構築も今後の課題である。

スポーツイベントとスポーツボランティア

　これまでわが国では、長野 1998 冬季オリンピックや 2002FIFA ワールドカップをはじめとするメガ・スポーツイベントにおいて、多くのスポーツボランティアが活躍した実績を有している。いまや、大小かかわらず、スポーツイベントにボランティアの存在は欠かせない。

　中でも毎年開催されるスポーツイベントには、その連続性とも重なり、スポーツボランティア実践のルーティンを形成している側面がある。近年では、全国各地で市民マラソン大会が行われるようになり、多くのスポーツボランティアが継続的に活動できるようにもなった。市民マラソン以外にも、各地域で持ち回り開催される国民体育大会（以下、国体）や全国健康福祉祭（以下、ねんりんピック）において多くのボランティアが活躍している。こうしたスポーツイベントを支えるボランティアには、専門的な知識や技術が必要な「専門ボランティア」と、特別な技術や知識を必要とせず誰もが参加できる「一般ボランティア」に分けられ

る（表参照）。また、多くのボランティアを要するイベントでは、ボランティアと「ボランティア・リーダー」を区別し、より組織的な運営がなされる場合が多い。

表　専門・一般ボランティアの活動内容

専門ボランティア	審判、通訳、医療救護、大会役員、データ処理など
一般ボランティア	給水・給食、案内・受付、記録・掲示、交通整理、運搬・運転、ホストファミリーなど

　特に、国内において専門ボランティア、一般ボランティアがそれぞれ活躍するイベントとして定着したのが「東京マラソン」である。2007年にはじまった「東京マラソン」では、約3万人のランナーが東京の街を駆け抜ける。このランナーを支えているのが約1万人のボランティアである。東京マラソンでは、メンバー・多言語対応メンバー、リーダー、リーダーサポートとボランティアを階層化し、それぞれの活動内容に応じて組織的な運営を行っている。

　2013年大会からは、ワールド・マラソン・メジャーズ（WMM）[2]に加入したこともあり、大会のブランドイメージもグローバルに発展した。こうしたこともあり、近年では特に外国人ランナーの参加が増加している（図参照）。そうした状況に対応するため、専門ボランティアとして700人程度の「多言語対応ボランティア」を配置している。言語も「英語、中国語、韓国語、ドイツ語、スペイン語、フランス語、その他言語」と広く対応している。

　さらに、2016年からはボランティア組織が発展し、「東京マラソン財団オフィシャルボランティアクラブ（VOLUNTAINER）」が設立された。

（2）ワールド・マラソン・メジャーズ（WMM）とは、2006年に創設されたマラソン版のグランドスラムである。ボストン・ロンドン・ベルリン・シカゴ・ニューヨークの5大会により構成され、2012年10月（2013年大会）から東京マラソンが加わり世界6大マラソンとなった。

1　さまざまなスポーツボランティア活動　　19

東京マラソン財団では、これまでの一般募集の形態から登録方式となり、このボランティアクラブに登録した人の中から抽選により選ばれることとなる。クラブでは、これまでの東京マラソンにおけるボランティアだけではなく、さまざまなボランティア活動への参加、各種講習、スキルアップ等の取り組みを強化する予定である。

図　東京マラソンにおける外国人ランナーの推移

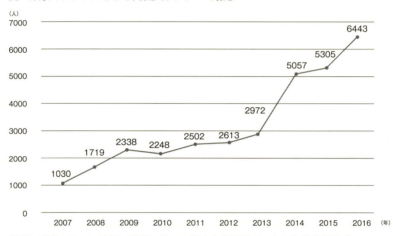

出所：東京マラソン財団　東京マラソン過去大会実績データより筆者が作成

　この約1万人のボランティアの存在は経済的にも大きな意味を持っている。「東京マラソン」にエントリーするためには、大会参加費として1万円が必要になる。しかし、実際にはランナー一人あたりにかかる費用は5万3,000円と言われている[3]。これは、警備等さまざまに費用がかかるからである。1万人のボランティアがもし有償のアルバイトであるならば、経費はもっと大きくなることになり、大会開催にも大きな影響を及ぼすかもしれない。

---

　(3) 日本経済新聞（2013.2.13 13面）によると、セキュリティの強化（監視カメラの設置やスタッフの増員）や医療・救護、観客の安全管理等の経費増加から、ランナー一人当たりにかかる費用が5万3,000円とされている。

それでも、大都市で開催される大きな大会には、たくさんのスポンサーが集まり、参加者、ボランティアも一定数確保できることから、大会は継続的に開催可能である。しかし、地方都市の大会となればそう簡単にはいかない。そんな中、教育活動と連携しボランティア教育を展開しているイベントがある。

　岐阜県揖斐郡揖斐川町で開催される「いびがわマラソン」では、大会の前日と当日の土日が、小中学校の登校日の扱いになり、マラソンボランティアをすることが課外授業となっている。中学校では当日の課外授業のみならず、事前学習が授業で行われ、かつコースの清掃活動も行われている。スポーツイベントを教材にすること、あるいは、限られた授業時間回数の中でこうしたイベントを正規授業として扱うことには、確かに賛否があるのかもしれない。しかし、自分たちが暮らす地域の特性を肌で感じ、遠方から多数訪れるランナーと交流することは、大変意義深いことである。まして、そこにボランティアとして携わり、給水や清掃などの具体的な活動にコミットすることは、マラソンというイベントを裏側から学習することにもなり、スポーツがさまざまな支えによって成り立っていることも学習できるだろう。また、地域社会そのものを考えることにも直結している。自分たちが暮らす地域の特色等、普段暮らしているだけでは気づくことのできない内容も、学習することが可能になる。いびがわマラソンは、フルマラソンに 6,000 人、ハーフマラソンに 4,000 人が参加する。合計すると 1 万人にもなる参加者は、全国から集まってくる。このイベントだけでも、この周辺地域にもたらす経済効果は非常に大きい。またいびがわマラソンは高低差の大きいマラソンとしても有名である。こうした地理的な特色を活用したコース設定なども、地域を知るうえでは重要な要素である [4]。

　イベントボランティアは、活動の不定期性も重なり、最初にチャレン

───────────────

（4）二宮雅也（2014c）を参照。

ジするスポーツボランティアとしては敷居が低い。よって、スポーツボランティア初心者がスポーツイベントからボランティアの一歩を踏み出す場合が多い。また、企業や大学の授業等、組織的な関わりとして体験的にイベントボランティアからスタートする場合もある。そうしたスポーツボランティアが、今後継続的に活動してもらえるような支援体制と運営の工夫が、主催者側には強く求められる。「二度とやりたくない」というようなボランティア経験は絶対にあってはならない。

さいたま国際マラソンにおけるボランティア

総合型地域スポーツクラブとスポーツボランティア

　国が進めるスポーツ施策の一つが「総合型地域スポーツクラブ」(以下、総合型クラブ）の育成である。総合型クラブとは、「地域の人々に年齢、興味関心、技術技能レベル等に応じたさまざまなスポーツ機会を提供する、『多種目』『多世代』『多志向』のスポーツクラブ」とされている[5]。このクラブの最大の特徴は、民間のスポーツクラブとは異なり、主役は「地域」の住民であり、各地域でそれぞれのクラブを育み、発展させて

---

　(5) スポーツ基本計画　3.住民が主体的に参画する地域のスポーツ環境の整備 (1) コミュニティの中心となる地域スポーツクラブの育成・推進より。

いくことにある。よって、有償、無償にかかわらず、必然的にボランタリーな組織運営が必要となる。

　総合型クラブとスポーツボランティアを考える場合、大きく二つの視点が必要となる。一つは、総合型クラブそのものを支えるボランティアという視点である。先にも述べたが、総合型クラブは住民主体のクラブである。ほとんどのクラブが、自主財源とその他の補助財源によって運営されているので、スタッフを含め、すべての人材に人件費を充当する運営は難しい状況にある（クラブでの収入により、スタッフが生計を立てるということは非常に難しい）。現在も、多くのクラブ運営がボランティアによってなされている側面がある。内容としては、クラブ運営全般、各種プログラム運営、スポーツ指導、その他の指導等、多岐にわたる。こうした活動にボランティアとして積極的に関わってもらうには、まず、クラブ理念の共有が必要である。「自分たちのクラブ」という意識がなければ、総合型クラブにおける継続的なボランティア活動は難しいであろう。

　そうした中、群馬県高崎市にある「新町スポーツクラブ」では、クラブが主体的にユースボランティアを育成している。新町スポーツクラブは、スポーツ少年団を核にして組織した総合型クラブである。クラブの代表を務める小手氏は、ドイツのスポーツクラブにおけるクラブの継続性の要因の一つがクラブ自身による青少年世代の育成と、異年齢集団による民主的なクラブ運営にあることを海外研修で学び、設立したクラブを100年間発展させながら継続的な運営を実施することを目指し、「ユースボランティアの育成事業」に取り組んでいる。現在では、こうした取り組みから育ったユースボランティアが成人し、実際にクラブを支える人材として活動している[6]。

---

　(6) スポーツボランティアサミット2015報告書、地域で活動するスポーツボランティアの重要性〜大規模スポーツイベント開催決定を機に、自らの地域における活動を見直す〜を参照。

もう一つは、クラブのプログラムとしてのスポーツボランティアという視点である。言うまでもなく、総合型クラブは、スポーツ活動、文化的活動を含めて多様なプログラムを会員に提供する。そのプログラムの一つにスポーツボランティアを位置づけるということである。例えば、2015年からフルマラソンとしてリニューアルされた「横浜マラソン」では、「一般社団法人神奈川県総合型スポーツクラブネットワーク」と「横浜市総合型地域スポーツクラブ連絡協議会」が神奈川県内の総合型クラブでボランティアを募集し12のクラブから194名の参加により、給水ボランティア等を行った。また、2016年度には「世界トライアスロンシリーズ横浜大会」にもボランティアとして参加している[7]。このように、スポーツボランティアを総合型クラブのプログラムとすることにより、「支えるスポーツ」への対応が可能となり、会員に対し幅広いプログラムを提供することが可能となる。

　また、障がいのある方のスポーツ活動の拠点としても、総合型クラブは期待されている。具体的には、障がいのある方を対象としたスポーツプログラムの実施や、障がい者スポーツに関する研修会などの開催である。特に、総合型クラブにおいて障がい者スポーツを支えるボランティア育成は、その根幹の一つとなる。専門的なスタッフ育成ももちろん重要であるが、クラブ会員が積極的にボランティアとして障がい者スポーツの推進に関わることで、お互いのスポーツ活動の幅が広がることが期待される。

地域活性とスポーツボランティア

　　「先生、私今度の『金沢マラソン』にボランティアやりに行く

（7）一般社団法人神奈川県総合型スポーツクラブネットワークホームページより
http://www.kanasponet.com（最終アクセス日：2016年11月20日）

んですよ。今日先生が講座でお話しになった、『ボランティアツーリズム』、私やってますよ。」

（埼玉県講座参加者）

　埼玉県上尾市で開催されたスポーツボランティアに関する講習会後、受講生の方が私に話しかけてきてくださった。もはやマラソン大会はランナーだけにとって魅力的な大会ではなく、ボランティアも自ら参加する大会となっていることがわかる。そして、それは自分の住む近隣の大会だけでなく、観光も兼ねて、地方都市で開催される魅力的な大会にボランティアとして関わるという「スポーツボランティア・ツーリズム」を彷彿させるものとなっている。

　2015年に第1回大会を開催した金沢マラソン。このマラソンは、2015年3月に開業した北陸新幹線の歓迎イベントとして企画され、1万2,000人のランナーが金沢市内を疾走したイベントである。金沢市役所には、「金沢マラソン推進課」も設置される力の入れようである。マラソン大会を中心に近年地方都市で多くの市民スポーツイベントが開催されるようになった。これまでは、年に一度順番で開催される国体やねんりんピックのように、行政が主体となった大規模なイベントが中心であったが、現在は規模の大きさも含め、民間団体が中心となって運営する各種イベントも開催されている。そして、それぞれの大会においてスポーツボランティアが活躍している。

　地方においてスポーツイベントが盛んに開催されるということには、どのような意味があるのだろうか。2011年に発表された「地方自治体におけるスポーツ施策イノベーション調査報告書」（電通、早稲田大学スポーツ科学部原田宗彦研究室共同）[8] では、スポーツを通じた地域

---

(8) 早稲田大学スポーツビジネスマネジメント研究室・電通ソーシャルスポーツ・イノベーションチーム　「地方自治体におけるスポーツ施策イノベーション調査報告書（要約版）」http://www.mlit.go.jp/common/000149941.pdf（最終アクセス日：2016年11月20日）

1　さまざまなスポーツボランティア活動　　25

活性化について、政令指定都市は9割、全体では7割近くが高い関心があるとの報告がなされている。その一方で、「シティセールス」や「観光産業の振興」を目的としたスポーツ施策は3割となっており、住民の健康づくりやコミュニティ形成など、域内の資産形成が中心になっていることも報告されている。こうした従来のスポーツツーリズムの中に、スポーツ参加者や観戦者とともに、スポーツボランティアが対象になることで、スポーツツーリズムの幅が拡大することが期待される。

　また、ボランティアが中心となって、スポーツを通じた地域活性を行っている地域もある。徳島県阿南市は「野球のまち阿南」として売り出しており、行政の中に「野球のまち推進課」を設置している。阿南市は、2007年の野球スタジアム竣工を契機として、「野球のまちおこし」を推進し、全国から草野球チームを誘致するなどして経済活性化に成功している。この取り組みにおいて最も注目すべき点は、プロ野球などのトップスポーツを対象としたものではなく、草野球がその中心となっていることである。特に、おもてなしの内容が充実しており、球場、審判員、アナウンスの他、野球観光ツアー（対戦相手がいない場合に市が対戦相手を用意するサービスや宿泊施設がバスで徳島空港や球場まで送迎するツアー）まである。こうしたまちづくりに市民も積極的に参加している。特に、ボランティアで対戦相手に加わったり、60歳以上の女性たちからなる私設応援団「ABO60」も構成されている。また、交流会では地元住民による阿波おどりが披露されることもある。スポーツを通じた地域活性に、さまざまなスポーツボランティアの支えがあることも忘れてはならない。

　また、宮城県釜石市には「北の鉄人」と呼ばれた「新日鉄釜石ラグビー部」があり、1980年代には日本ラグビー史に一時代を築くとともに、釜石の名を全国にとどろかせた。現在も、釜石市に密着したクラブチーム「釜石シーウェイブスRFC」として活躍するとともに、釜石市は「ラグビーワールドカップ2019」の開催地の一つとして、スポーツを通じた地域創生を続けている。周知の通り釜石市は東日本大震災の被害も大

きく、大会の会場になることについても市民の中に賛否の声がある。しかし、震災復興、地域活性を目指す釜石市がそのコンテンツにラグビーを求めたことは、ラグビーの街としての歴史的な積み重ねと、スポーツを通じた市民意識の醸成に踏み出したからであろう。できるだけ多くの住民が大会にコミットするためにも、釜石市民のスポーツボランティアとしての大会への関わり方は、大きな意味を持つのかもしれない。

アスリート・ボランティア

　「アスリート・ボランティア」とは、プロスポーツ選手やアスリートによるボランティア活動である。2011年3月11日の東日本大震災発生以降、組織、個人に関わらず、多くのアスリートがさまざまな形で復興支援ボランティアに携わってきた。これまで、社会貢献活動として捉えられてきたアスリート・ボランティアであるが、東日本大震災後はアスリートの枠を超えて、さまざまなボランティア活動が展開された。

　2011年4月に設立された「一般社団法人日本アスリート会議」は、競技種目や団体の枠を超えて、中間支援団体として他の団体と連携し、アスリートの派遣等による被災地支援を継続的に行っている。これまでにも多くのアスリートが個人で団体等を立ち上げ、さまざまな活動がなされてきたが、このような中間支援団体があることで、今後は個々の団体が連携し、より大きな力として復興支援が行われることが期待されている。

　また、公益財団法人日本オリンピック委員会では、復興支援事業として被災地で「オリンピックデー・フェスタ」を開催している。この事業ではアスリートが被災地に出向き、各競技の講習会を開催するなど、選手と市民が交流するプログラムを実施している。さらに、実業団チームを持つ企業が連携し、スポーツという領域を超えて復興支援を実施している団体もある。「プロジェクト結コンソーシアム」は、ソニーやNECなどが賛同企業・団体となり、文部科学省も活動を支援する総合支援組

織である。実業団チームを持つ企業が構成メンバーにあるため、バスケットボールやラグビーのプロ選手らによる部活動指導も行われている。他にも多くのアスリートやスポーツ団体が復興支援にボランティアとして関わっており、「スポーツ力」を通じた、具体的な復興支援が展開されている。今後は、東京2020大会を前に、オリンピアン・パラリンピアンによる教育支援活動や、トップスポーツ選手による地域での各種スポーツ支援活動等での期待が大きい。

スポーツ実践を支えるスポーツボランティア

　部活動による教師への負担増が叫ばれる今日、ボランティアによる部活動外部指導等への注目は、ますます高まりつつある。形態はさまざまであるが、すでにいくつかの自治体ではボランティアによる支援活動を実施している[9]。

　こうしたボランティアとしてのスポーツ指導への取り組みでは、鹿屋体育大学の取り組みが先駆的である。鹿屋体育大学では、平成16（2004）年に現代的教育ニーズ取組支援プログラム（現代GP）として「学生のスポーツボランティア活動の支援事業」が採択され、学生ボランティアが地域の学校やスポーツ団体等においてスポーツ指導や指導補助を安全かつ円滑にできるようにサポートする取り組みを始めた。また、「学生スポーツボランティア指導者ガイドブック」を作成し、スポーツ事故やトラブルの防止、スポーツボランティア活動を始める前の心構え等について記載し、教育を行っている。また、鹿屋市と連携し「スポーツ指導ボランティア支援事業」として、少年団、運動部等の指導者のサポート

　（9）例えば、岡山市では「学校教育支援ボランティア」として実施している。http://www.city.okayama.jp/kyouiku/shougaigakushuu/shougaigakushuu_00005.html（最終アクセス日：2016年11月11日）

を行うため学生ボランティアを派遣する取り組みも行っている。

　部活動やスポーツ少年団、総合型地域スポーツクラブ等、スポーツ指導者へのボランティアニーズは高い。培ったスポーツスキルをボランティアとして生かす場所は、点在している。ニーズとのマッチングを誰がどのように行うのかが、今後の課題である。

健康づくりを支えるスポーツボランティア

　現代社会における社会問題の一つが健康をめぐる問題である。国内の医療費は40兆円を超え、さらに増加する傾向にある。こうした動きを受け、2008年4月から「特定健診・特定保健指導」も始まった。さらに、企業や自治体も「健康経営」というスローガンを掲げ、さまざまな取り組みを行っている。

　その一つに、各自治体等が育成に取り組んでいる「健康づくりボランティア」がある。健康づくりボランティアとは、地域のニーズに応じた健康づくりに関する企画を考え実行するボランティアを意味し、主に、運動、食、歯科衛生、介護予防、認知症予防等の取り組みが中心となる。この健康づくりボランティアをスポーツボランティアとして捉えるかどうかについてはさまざまな議論があるだろう。しかし、現実として健康づくりボランティアの文脈で、運動・スポーツの指導やサポートを通じてボランティア活動を実践している人は増加している。また、こうしたボランティアの活動の成果として、日頃のスポーツ実践が豊かになった方も大勢いるだろう。

　私が理事を務める「日本スポーツボランティア・アソシエーション」（以下、NSVA）では、これまで「NSVAウォーキング指導者養成教

NSVAボランティアによるウォーキング指導の様子

室」を開催し、ウォーキングの指導の有資格者を養成することで、ボランティアとして正しいウォーキング指導を行える環境を形成してきた。また視覚に障がいがある方の支援を目的とした「伴走教室」でも、走ることを目的とするだけではなく、一緒に歩く伴歩については、視覚に障がいがある方の健康づくり、運動支援の観点からも説明を行っている。

　近年、心理学的にも運動・スポーツは、ストレス軽減に非常に大きな期待がされている。また、先にも述べたように、総合型地域スポーツクラブの中にも健康増進を目的としたプログラムは多数存在し、それらを指導しているボランティアも多数いる。スポーツボランティアが健康づくり分野へと拡大していくことは、ボランティア自身の活動の場を広げるとともに、地域社会への貢献という意味も含めて、その価値はさらに大きくなることが予想される。

　行政レベルにおいてスポーツ分野と健康づくり分野を担う担当課は必ずしも同様でないことがあるが、そのことが地域で活動するボランティアにとって障壁にならないことを願っている。健康づくり・介護予防を含め、スポーツボランティアの幅広い実践により、スポーツの楽しさを含めたスポーツの文化的享受が豊かになることを期待したい。

スポーツボランティア、もう一つの楽しみ

　今回、本書を書き進める中で、一つの講演依頼を受けた。それは、Jリーグボランティア（以下、Jボラ）の交流会を開催するので、その中でスポーツボランティアの話をしてほしいとの内容だった。「スポーツボランティア・ラウンドテーブル2016 〜スポーツボランティア for the future」と名付けられたイベントには、全国からJボラ約150名が集まり開催された。

　もともとは、「ボランティア活動促進や、地域、クラブへの愛情・愛着が深まることを目指し」、年に一度「ホームタウンサミット」が開催されていた。第1回目は、「Jリーグホームタウンサミット」と称して

1999年に平塚市で開催された。さらに、2013年には、横浜を舞台として開催され、夜はクルージングがあるなど盛会であった。その後、このホームタウンサミットは開催されなくなったが、今回は、ボランティア有志が事務局を務める形で再開となった。こうしたボランティアがボランティアを支える姿は、本当に素晴らしい。

「スポーツボランティア・ラウンドテーブル」に参加した全国のJボラ

　スポーツボランティアの何が楽しいのかを追求するとき、欠かせないのがボランティア同士の交流である。アフタースポーツボランティアでは、活動後、反省会と称した懇親会等がよく開催されている。こうした交流が次のボランティア活動のきっかけになり、またそこで生まれるつながりが、ボランティア同士の絆をさらに強いものにしている。

　久々の開催となった、今回のラウンドテーブルでも、各々チームのユニホームやボランティアウェアを着たボランティアで賑やかな懇親会となった。

　スポーツボランティアの活動の中には、楽しい活動ばかりではなく、きつい活動や苦労が絶えない活動もある。こうした活動の後に仲間とともに苦労を語り合い、次へのエナジーを注入することは、継続性の観点からも重要である。

1　さまざまなスポーツボランティア活動　　31

column オリンピックの醍醐味
—ロンドン、ソチ、そしてリオデジャネイロへ—
西川 千春

オリンピックのボランティアになるために

　2013年9月7日。ブエノスアイレスでのIOC臨時総会で東京の名前が読み上げられると、私はあまりの嬉しさに言葉を失いました。2020年の夏季オリンピックの開催地に決定したのです。同時に、さかのぼること8年前のあの日のことをふと思い出しました。人生が大きく変わる瞬間があるとすれば、2005年7月6日がまさにその日だったのかもしれません。2012年の夏季オリンピックの候補地としてロンドンはパリと一騎打ちに臨みました。ジャック・ロゲIOC会長（当時）から「London!」という言葉が発せられた途端、ソファから飛び上がって訳もわからず叫んでいました。そう、すべてはこの瞬間から始まったのです。そしてもうこの時点で、ロンドン2012オリンピックのボランティアになるものと決めてしまいました。どうやら思い込みが人一倍激しいのです。

大学生中心、若いソチ2014冬季大会のボランティア

ゲームズ・メイカーになろう

　しかしここからが長かったのです。ロンドン2012大会のボランティア概要は、大会の約2年前、2010年に正式に発表され、7万人のボランティアを広く募集することになりました。その時ロンドン2012オリンピックのボランティアは、大会を実際に「つくってゆく人たち」という

意味を込め、ゲームズ・メイカー (Games Maker) と呼ばれることになったのです。早速、有名英国人俳優のジュード・ローの「ゲームズ・メイカーに応募しよう！」という動画がユーチューブにアップされました。しばらくするとゲームズ・メイカーの募集要領が公にされ、同年9月15日から10月28日までの間、オンラインのみで応募受付がされました。応募基準として大会期間中18歳以上であること、英国において合法的に就労できる資格を持っていることが条件でした。

ロンドン2012大会、エクセル会場で活躍した通訳アジア語チーム

念願の採用通知

　応募後、しばらくして面接がありました。特にプレッシャーにどう対応したのかなど、今までの経験をいろいろ聞かれました。同時にリーダーシップがあるかどうかの見極めもしていました。そして応募時に希望した通訳として、開会の一年前に採用通知が来ました。配属は通常展示会場として使用されているエクセル会場でした。5つのアリーナに仕切って、卓球、レスリングなど7種目を開催しました。トレーニングは一般的なオリンピック・パラリンピックに関する内容や各自の役割、私の場合は通訳に関する具体的なもの。そして開会直前に会場での説明など、最低3日拘束されます。しかし一番勉強になったのはテストイベントといわれる、本番と同じ環境で行われる試合での実務経験です。本番と同じく、試合後の選手インタビューの通訳をします。卓球はプロリーグのファイナルイベントで公式大会でした。世界のトップ級がすべて集まった本番同様の内容は座学では得られません。水谷隼、福原愛、石川佳純

選手などのインタビューを無事こなしたのは大きな自信となりました。

多様なボランティアの職種

　ボランティアの職種は多岐にわたり細かく分けると800以上になるそうです。最も一般的なのは各会場に配置される会場・カスタマーサービスを担当するボランティアでしょう。特に資格や技能がいらないので一番とっつきやすく、わかりやすい仕事です。一方通訳は特殊技能であると同時に、テレビカメラが回るため非常にプレッシャーがかかり、かつ流動的な状況に対処しなければいけません。瞬間的な判断が常に要求されます。エクセル会場では7種目すべての通訳を担当しましたので、同時開催している各競技の進行に合わせて通訳を配置し、移動させることは大変なことでした。案の定、一日目は大混乱となり、多くのインタビューをミスしてしまいました。そこでわれわれ中堅のボランティアが中心となり、それぞれのアリーナのチームリーダーとなって現場の判断で通訳を必要な場所にフレキシブルに移動させるシステムを即時構築、実践しました。結果は大成功。その後はスムーズに回りました。現場でのリーダーシップが必要とされた場面です。100名以上の通訳を3シフトに分け、5つのアリーナ、長さほぼ1kmの会場をカバーすることは精神、体力ともに大きな負担でした。それだけにやりきった後の充実感は何物にも代えられません。ちなみに夏季オリンピックではどの大会であれ、約30か国語を英語に通訳するのが仕事です。ロンドンでは全体で約700人の通訳ボランティアが配備されました。エクセルはその中でも最も多く、100名以上の通訳がいました。インタビューの他にはドーピング検査の付き添いと急患対応の仕事もあります。ドーピング検査ではサンプルを取るために長い時間がかかります（詳しい内容は省きます。笑）。という訳で、レスリングの米満選手やボクシングの清水選手とおしゃべりしました。明らかな「役得」ですね。

二度のオリンピックを終えて

　そうやって怒涛のように過ぎ去ったロンドン 2012 大会の最後の閉会式。セバスチャン・コー組織委員会会長がゲームズ・メイカーをたたえると観客 8 万人の拍手、歓声が何分も止まりません。この瞬間の感動は今でも忘れません。いい歳をしたオヤジの涙が止まらないのです。言葉も出ません。また大会後の祝勝パレードではゲームズ・メイカーが再びユニフォームを着て、選手の後を一緒に行進しました。沿道の鈴なりの市民がわれわれにも選手同様の拍手を送ってくれるのです。オリンピックの一員だったプライドと、なし遂げた充実感。これこそがオリンピックボランティアの醍醐味です。ところが、ここに危険な罠が待っています。一度知ってしまうと抜け出せない、オリンピックボランティア依存症ともいうべきものです。ロンドン 2012 大会後、虚脱感にさいなまれ、なかなか社会復帰ができませんでした。ところがオリンピックはうまくできています。すぐに例の 2 年サイクルで、ソチ 2014 冬季オリンピックのボランティアの募集です。気づいた時には見慣れたオンライン応募画面で最後の「Submit ＝ 送信」をクリックしているではありませんか！　その結果がソチでの通訳ボランティアとしての活動でした。メインプレスセンターでジャーナリストたちのお世話係といった役目でした。驚くことに現地で活動を始めると、ロンドンの時に一緒に仕事をしたボランティア、スタッフ、マネジャーたちが何人もいるじゃないですか！

　「チャールズ、また一緒だな。よろしく」こんな挨拶がいたるところで繰り返されているのです。2 年ごとにオリンピックを渡り歩く通称「オリンピック・ジプシー」

英国チーム祝勝パレードでは選手とともにロンドン中心部を行進

たちです。どうやら私もその仲間になってしまったようです。もうここまで来たら止められません。リオデジャネイロ 2016 大会も応募してしまいました。やはり同じく通訳。配属は卓球、バドミントン、ウエイトリフティング、ボクシング、そして 112 年ぶりにオリンピック競技

メディア、通訳チームのボランティアとスタッフ

に復活したゴルフでした。卓球日本チームの大活躍で、女子団体銅メダルのひな壇での公式記者会見通訳も担当しました。普通はプロ通訳が担当するのですが都合がつかず、急遽出番が回ってきました。終わるなり隣の福原愛選手がさっと手を伸ばしてきて、「ありがとうございました」と握手してくれました。元卓球部の私にとって、このまま人生終わってもいいと思った瞬間です。

東京 2020 大会に向けて

　ロンドン 2012 大会前のイギリスはいたるところに大きな格差と貧困を抱え込み、国民全体に無力感が漂っていました。オリンピック・パラリンピックには不思議な力があります。そんなひどい状態から国民が一致団結し、後に「史上最高のオリンピック・パラリンピック」と評されたロンドン 2012 大会を大成功させたのです。その源は、一般市民 24 万人の応募者から選ばれた 7 万人の「ゲームズ・メイカー」の大活躍だったのです。国家やビジネス主導ではなく、みんなで成功させた大会だったのです。このポジティブなエネルギーが、ロンドン 2012 大会最大のレガシーでしょう。長年暮らすロンドンで開かれた大会にボランティアとして参加し、「人生最高の 2 週間」を過ごすことができました。

　東京 2020 大会を迎える日本のすべての人たちに、この何物にも代え

がたい感動、達成感、そして日本人としての誇りを感じてもらいたいと思います。日本人みんなが自信を取り戻し、多様性を受け入れ、活力を取り戻すことで、世界から尊敬され、輝く日本にならなければ。人生で一度あるかないかの、この大きなチャンスを逃がしてほしくありません。

西川 千春　Nishikawa Chiharles
アクロス・アソシエイツ・コンサルタンツパートナー
目白大学 外国語学部英米語学科 非常勤講師

1960年、東京都生まれ。慶應義塾大学法学部法律学科卒業。米国、アリゾナ州立大学・サンダーバード国際経営大学院、国際経営学修士課程MBA修了。1990年、日本精工（NSK）の駐在員として渡英。2005年に経営コンサルタントとしてロンドンにて起業。ロンドン2012オリンピックのボランティアとして、卓球、柔道などの競技が行われたエクセル会場の通訳チームリーダーとして活動。人生最高の2週間を過ごす。ソチ2014冬季大会、リオデジャネイロ2016大会にも通訳ボランティアとして参加。特定非営利活動法人日本スポーツボランティアネットワークのプロジェクトに特別講師として関わる他、東京2020組織委員会をはじめ、関連団体、企業、大学などへオリンピックやボランティアプログラムに関するアドバイザリー、講演活動を精力的に展開中。

2 オリンピック・パラリンピックとスポーツボランティア

　分野を問わず、さまざまなボランティアニーズが高まっている今日、「ボランティアとして活動したいのに、できない」ということがあるのであろうか。人気のあるスポーツボランティアでは、時としてこういう事態が発生する。例えば、ロンドン 2012 オリンピック・パラリンピックでは 24 万人の応募があり、最終的には面接試験等を通過した 7 万人が大会ボランティアとして採用された。逆算すれば、17 万人の応募者が落選したことになる。17 万人が落選するボランティアなど、他にあるだろうか。ここでは、オリンピック・パラリンピックのボランティアに焦点を当て記述をしたい。

オリンピック・パラリンピックにおけるボランティア活動

　一生の間に自国でオリンピック・パラリンピックが開催される可能性は決して高いとは言えない。まして、選手として参加することは一般の人には望めない。オリンピック・パラリンピックのボランティアとは、唯一、一般の人が主体的にオリンピック・パラリンピックに直接的に関わることのできる方法なのである。だからこそ、そこにコミットしたいという思いはさまざまにあるのかもしれない。以前私が偶然に出会った女子中学生と思しき 2 人も、ボランティアに興味を示していた。年齢に関係なく、関心の高い人は 2020 年を待ち望んでいるようである。

　先日、東京の地下鉄外苑前駅のホームで女子中学生と思しき 2 人が、「オリンピックでボランティアとかやりたいよねー」と笑顔

で会話していた。正直、東京オリンピック・パラリンピックの開催は決定したものの、招致合戦が終了してからは私の中でのリアリティも薄くなっていたので、2人がオリンピックを話題に会話していることに少し驚きを感じた。確かに、外苑前駅は国立競技場に近いことも関係しているのかもしれない。しかし、ボランティアをやりたいという言葉には、単に身近なイベントということではなく、そこにコミットしたいという意思の現れがある。私には容易に想像がつく。そう、彼女らが次に疑問に思うこと。それは、どうしたらオリンピック・パラリンピックのボランティアに参加できるのか？　ということである。

(二宮 c, 2014：6)

　ボランティアとオリンピックの歴史は古い。オリンピックでボランティアが活躍した最初の大会は、1948年のロンドンオリンピックといわれている。その後1980年に開催された冬季レークプラシッド大会では、約6,700人のボランティアが組織的に運営された。その後も、オリンピック・パラリンピックにボランティアは欠かすことのできない存在となり、シドニー2000大会では5万人、先述した通り、ロンドン2012大会では7万人、リオデジャネイロ2016大会では5万人の大会ボランティアが活躍した。

　日本でも1964年にオリンピックが開催された。この時は、組織的なボランティアの募集はされていないが、国旗掲揚員等として、子どもから大人までが活動を委嘱された。さらに、1998年の冬季長野大会では、「Team'98」と称された約3万人以上のボランティアが活躍した実績がある。

　2012年に行われたロンドン大会では、大会ボランティアを「Games Maker」（ゲームズ・メイカー）と呼んだ。Games Makerには、「ボランティアのアイデンティティを重視し、ボランティアがオリンピック・パラリンピックに何をもたらすのか、ボランティアがいなければ大会は成功し

2　オリンピック・パラリンピックとスポーツボランティア　　39

ない」との議論から「実際にゲームをつくる人」という意味が込められている。ボランティアの活動が始まる前、大会の実行委員長であったセバスチャン・コーは、ボランティアについて次のようにコメントした[10]。

「Volunteers are the lifeblood of the Olympic Games and part of the DNA of thousands of people in this country」

文字通り、「ボランティアはオリンピックの血である」という形容には、オリンピックボランティアの発祥であるロンドンならではの表現かもしれない。また、オリンピック後には、記者会見で次のようにコメントした[11]。

「Our volunteers have been sensational. They've had boundless enthusiasm, goodwill, humour - they've done it with grace. And they have in large part been the face of these Games」

熱意と善意とユーモアを兼ね揃えたボランティアが、優雅に本当に素晴らしい活動をし、それは間違いなく大会の顔であったという賞賛の言葉は、ボランティアが真から認められている証拠であろう。また、閉会式ではジャック・ロゲIOC会長（当時）が、ボランティアを直接的に賞賛した[12]。

---

(10) https://www.olympic.org/news/volunteers-helping-to-make-the-games-happen（最終アクセス日：2016年11月7日）

(11) London Olympics: Coe Praises UK 'Spirit of Generosity'," BBC News, 13 August 2012, http://www.bbc.com/news/ uk-19246025（最終アクセス日：2016年11月7日）

(12) ロンドンオリンピック閉会式におけるロゲ会長のスピーチ。https://www.olympic.org/news/volunteers-helping-to-make-the-games-happen（最終アクセス日：2016年11月7日）

「We will never forget the smiles, the kindness and the support of the wonderful volunteers, the much-needed heroes of these Games.」

ここでは、「ボランティアはヒーローだ」と称されている。各方面でボランティア活動が盛んなロンドンでの開催ということもあるかもしれないが、ボランティアがこれだけ賞賛されるということは、まさにその存在意義の大きさが表れている。こうしたレコグニション（recognition）の形成は、ボランティアスピリットの形成において重要な側面を持つ。

しかし、このようなボランティアに対するリスペクトは、単にその存在にだけあるのではなく、現場での素晴らしい活動実績に裏づけられている。そうした素晴らしい活動の裏側には、個々のボランティアが事前研修をはじめとして、さまざまな努力を積み重ねたことを忘れてはならない。

東京2020オリンピック・パラリンピックの ボランティア構成

東京2020オリンピック・パラリンピックは、7月24日〜8月9日がオリンピック、8月25日〜9月6日までがパラリンピックとして開催される。オリンピック・パラリンピックのボランティアは、「大会ボランティア」と「都市ボランティア」の大きく2種類に分けられており、大会ボランティアが約8万人、都市ボランティアが約1万人となる予定である。2016年11月に私もアドバイザリー会議委員として関わった、「東京2020大会に向けたボランティア戦略（案）」が発表された。案の段階であるが、大会ボランティアと都市ボランティアについて詳細が記載されている。

表　大会ボランティアと都市ボランティア

	大会ボランティア	都市ボランティア
運営主体	組織委員会	都※1
活動場所	競技会場、選手村などの大会関係施設	空港・主要駅・観光地及び競技会場の最寄駅周辺
活動内容	観客サービス、競技運営のサポート、メディアのサポートなど	国内外の旅行者に対する観光・交通案内及び競技会場の最寄駅周辺における観客への案内など
規模	合計で9万人以上を想定	

※1　都市ボランティアについては、競技会場を有する都外自治体それぞれにおいても、設置に向けた検討を行っている。

出所：東京2020大会に向けたボランティア戦略（案）より筆者が作成

次に大会ボランティアの活動内容例として表の通り示されている。

表　大会ボランティアの活動内容

種類	活動内容（例）
会場内誘導・案内	会場内で観客及び大会関係者の誘導、チケットチェック、入場管理のサポート等を行う。
ドーピング検査	競技を終えた選手に対してドーピング検査員が検査を実施するためのサポートを行う。
ドライバー	大会関係者が会場間を車で移動する際の運転業務を行う。
スタッフ受付	会場における大会関係者の受付業務。専用のIDから照会したシフトの確認や必要事項の伝達を行う。
ユニフォーム配布	ユニフォーム配布施設においてスタッフ（ボランティアほか）のユニフォーム配布を行う。
メディア対応サポート	会場やプレスセンターなどで大会を取材する日本やその他各国メディアの取材活動をサポートする。
言語サービス	選手、メディア、海外要人などの大会関係者に対して通訳などの言語サポートを提供する。
選手団サポート	各国から訪れる選手団に対するサポートを行う。選手団が選手村に入村する前から準備を行い、選手が快適な競技生活を送ることができるようにサポートする。
物流サポート	競技会場や選手村などに運び込まれる物品の管理や整理をサポートする。
物品貸し出しサポート	選手村やメディアセンターにおいて各国から来る選手団やメディア、その他関係者が利用する物品の貸し出しサービスをサポートする。
サステナビリティ実現サポート	各会場等の持続可能性への配慮を実現するため、選手、観客等にゴミの分別方法を案内するなどのサポートを行う。

アクレディテーション カード発行	事前に登録された情報を基に、大会関係者が保有するIDの発行業務を行う。
競技運営サポート	競技エリアや練習会場において、競技役員などの指示のもと、競技の進行補助やアスリートのサポートなど競技運営の補助業務を行う。
医療サポート	観客や関係者などに急病人やけが人が出た場合にすばやく対応するための「ファーストレスポンダー」としての役割を担う。

出所：東京2020大会に向けたボランティア戦略（案）より筆者が作成

　さらに、大会ボランティアの応募条件検討の方向性、大会ボランティア、都市ボランティアに生かすことのできる経験や資質等（案）としては図の通りである。

図　大会ボランティア

＜応募条件検討の方向性＞

> ①平成 32（2020）年 4 月 1 日時点で満 18 歳以上の方
> ②ボランティア研修に参加可能な方
> ③日本国籍を有する方及び日本に滞在する資格を有する方
> ④ 10 日以上活動できる方
> ⑤東京 2020 大会の成功に向けて、情熱を持って最後まで役割を全うできる方
> ⑥お互いを思いやる心を持ちチームとして活動したい方

＜大会ボランティアに活かすことのできる経験や資質等＞（案）

> ①オリンピック・パラリンピック競技に関する基本的な知識がある方
> ②スポーツボランティア経験をはじめとするボランティア経験がある方
> ③英語やその他言語のスキルを活かしたい方

出所：東京2020大会に向けたボランティア戦略（案）より筆者が作成

2　オリンピック・パラリンピックとスポーツボランティア　　43

図　都市ボランティア

＜応募条件検討の方向性＞

①平成32（2020）年4月1日時点で満18歳以上の方
②ボランティア研修に参加可能な方
③日本国籍を有する方及び日本に居住する資格を有する方
④5日以上（1日5時間以上）活動できる方
⑤東京2020大会の成功に向けて、情熱を持って最後まで役割を
　全うできる方
⑥お互いを思いやる心を持ちチームとして活動したい方

＜都市ボランティアに活かすことのできる経験や資質等＞（案）

①東京の観光、交通案内等に関する知識やスキル・経験を活かした
　い方
②防災・防犯・救命救急等に関する知識を活かしたい方
③英語やその他言語のスキルを活かしたい方

出所：東京2020大会に向けたボランティア戦略（案）より筆者が作成

　この要件をすべて満たすことは、非常に厳しいと感じる方もいるかも
しれない。特に、仕事や子育て、介護等によって、時間的な制約が厳し
く、条件を満たすことのできない場合も出てくるだろう。ユニホームは
支給されるが、宿泊や交通費は自己負担の予定である。地方からボラン
ティアに参加したいと考えている人には、経済的負担も大きいことが予
想される。組織委員会や都には何らかの支援策を期待したい。
　しかし、事前キャンプや、聖火リレー、文化プログラムなど、オリン
ピック・パラリンピックに直接関連するイベントも多く開催される。特
に、文化プログラムは、「前のオリンピックが開催されてから次のオリ
ンピックが開催されるまでのカルチュラル・オリンピアードと呼ばれる
期間に実施される」こととなっていることから、東京2020大会の場合は、

2016 年 9 月からの 4 年間がその時期に当たる。これらのプログラムは、東京だけでなく、さまざまな地域が対象となることから、それぞれの地域において多くのボランティアが必要になるであろう。

　すでに、和歌山県ではオーストラリア陸上チームの事前キャンプが決定したが、この背景には、2015 年世界陸上事前キャンプにおける、ボランティアスタッフ等の「おもてなし」が評価されたそうである。また、アメリカ陸上チームは、トレーニング補助や通訳ボランティアを務めた学生たちのおもてなしを高く評価し、順天堂大学を事前キャンプ地に決定した。このように、事前キャンプ地におけるボランティアの役割は大きく、それが評価されれば、今後の関係性も豊かになることがわかる。誘致する関係者には、こうした観点からもボランティアの重要性を理解してほしい。

　他にも、大会には医療、アンチ・ドーピング、審判、計測員等、専門性の高いボランティアも必要になる。これまでの経験を生かせるボランティアがあることも忘れてはならない。

インフォーマルなボランティア
―諦めてはいけない 2020 年ボランティアへの関わり方―

> 　「先生、どうやったらオリンピックのボランティアできるんですか？」
>
> （受講生多数より）

　必ずといってよいほど、ほとんどのスポーツボランティア講習会等の会場で、この質問を受ける。語学力が必要だとか、夏だから暑さに負けない体力が必要だとか、コミュケーション能力が高くなければ駄目だとか、休みが取れなければいけないとか、確かに条件は挙げれば挙げるほど出てくるかもしれない。私たちはこうした高い条件を前に諦めなけれ

ばならないのか。

答えは「No」である。確かに、組織委員会や東京都が募集するフォーマルなボランティアに採用されるには、たくさんの条件を満たす必要がある。しかし、実際にはフォーマルなボランティアだけでは補えない、さまざまなボランティアが必要である。

すべてが賞賛されるかどうかの議論はあるが、最近ではマラソン大会等において、フォーマルなエイドとは別に、個人的な差し入れをする人が出てきた。飴やお菓子、果物等を提供する人や、コールドスプレー等を用意している人もいる。さらには、チアリーディングの格好をして、複数で応援する私設グループもある。もてなしの方法はさまざまである。

1998年に行われた長野冬季オリンピック・パラリンピックでは、インフォーマルに自治会等が炊き出しのボランティアを自主的に行う等の事例も見られた。個人で勝手に活動を無計画に展開するのは、さまざまな問題を引き起こす可能性もあり、ボランティアイメージに傷がつく可能性もある。自治体や趣味の活動サークルや各種団体が、自分たちの特徴を生かし行動計画を立てたうえで、所管組織の許可を受け、ぜひ素晴らしい活動を展開してほしい。フォーマルなボランティア組織では成しえない、素晴らしい「おもてなし」が展開されるはずだ。

また、東京オリンピック・パラリンピック競技大会組織委員会が作成する「アクション＆レガシープラン」[13]にも期待したい。このプランのコンセプトは、「一人でも多くの方が参画【アクション】し、大会をきっかけにした成果を未来に継承する【レガシー】ためのプラン」とされている。この取り組みでは、「スポーツ・健康、街づくり、持続可能性、文化、教育、経済・テクノロジー、復興、オールジャパン・世界への発信」の各分野において、「公認プログラム」と「応援プログラム」がそれぞれ

（13）「アクション＆レガシープラン2016の策定及び東京2020参画プログラム（仮称）について」（2016年07月25日）による。https://tokyo2020.jp/jp/get-involved/certification/data/certification-report.pdf（最終アクセス日：2016年10月15日）

実施されることになる。

　こうしたプログラムが実施される際には、その内容と規模に応じて、ボランティアが活用される場合も想定される。あるいは、各種ボランティア団体がそのプログラムの実施者となる場合もあるかもしれない。大会期間中のボランティアだけでなく、2020年に向けて幅広く展開される東京2020オリンピック・パラリンピック関連イベントに広く注目しておく必要がある。

図　東京2020参画プログラムの概要

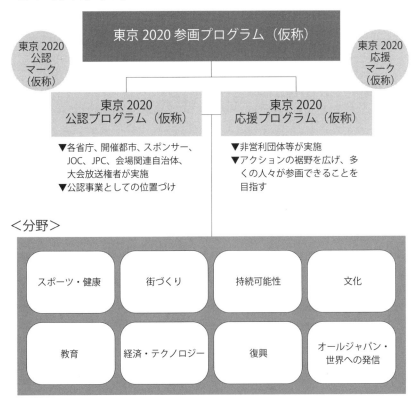

出所：「アクション＆レガシープラン2016策定及び東京2020参画プログラム（仮称）について」より筆者が作成

障がい者スポーツの歴史とパラリンピックボランティア

> 「彼ら、彼女らはただ上から言われたことを忠実にこなすのではなく、自発的に行動していました。要するに選手や観客と一体となってゲームをつくるんです。私はエアライフルの試合の時、調子が悪くて、一番最後まで撃っていた。撃ち終った時、最初に称賛の声をあげてくれたのがゲームズメーカーの人たちでした。それを合図に観客から拍手が起きました。点数が悪くてがっくりきていた私が笑顔で会場を後にできたのは、その歓声と拍手のおかげでした。」
>
> 　　　　　（スポーツニッポン新聞 2013 年 8 月 28 日付、二宮清純
> 　　　　　　　　　　　　　　　　　「唯我独論」コラム [14] より）

　これは、パラリンピックのエアライフルに参加した田口亜希選手の言葉である。まさに、Games Maker と呼ばれた、大会ボランティアの活動の様子がうかがえる。パラリンピックを支えるということは、さまざまな意味で障がい者スポーツを理解し、またそのサポートを通じてパラリンピックの意義を本質的に理解しなければならない。

　国際パラリンピック委員会（IPC）は、パラリンピックのビジョンとして「パラリンピックアスリートが、スポーツにおける卓越した能力を発揮し、世界に刺激を与え興奮させることができるようにすること」を示し、「スポーツを通じ、障害のある人にとってよりよい共生社会を実現する」ことを理念としている。さらに、IPC は、パラリンピックの 4 つの価値として、勇気 Courage、決意 Determination、平等 Equality、

---

(14) http://www.ninomiyasports.com/archives/14235（最終アクセス日：2016年8月27日）

インスピレーション Inspiration を示している。パラリンピックボランティアとは、こうしたパラリンピックの意味の上に成り立ち、ボランティア活動を通じて、それを補完することになる。

1985 年、国際オリンピック委員会（IOC）は国際障がい者スポーツ大会を「パラリンピック」と名乗ることに同意した。この時、これまで使用されていた対麻痺者のオリンピックという意味（Paraplegia's Olympic）という意味から「パラ＝ Parallel（もう一つの）＋ Olympic（オリンピック）」を表す語として使用されることになる。さらに、2001 年には IOC と IPC との合意により、オリンピック開催国がオリンピック終了後パラリンピックを開催すること等が合意され、現行の大会運営となった（パラリンピックの歴史は、星野氏のコラムを参照してほしい）。

こうした、障がい者スポーツの変遷をボランティアが学習しておくことは、とても大切なことである。なぜなら、こうした変化は現在も続いており、競技種目、ルール、カテゴリー等において、さまざまな展開があるためである。パラリンピックの変化は、障がい者スポーツの推進だけではなく、現代社会に暮らす障がい者全体の視点から捉えることが必要である。

レガシーとしてのスポーツボランティアを考える

テレビで、ロンドン 2012 オリンピックのボランティアをした 65 歳のイギリス人の男性を特集していた。その方は、「ボランティアには人生を変えるチャンスがある。二度と経験できないことができるチャンスがある」と話されていた。その方は、オリンピックが始まる半年前に 40 年以上働いていた会社を辞めていた。その後、日常生活に時間を持て余していたところ、ボランティアの募集に目が止まったそうである。

彼が、オリンピックボランティアを通じて得たものは、「オリンピックを自分たちの手で成功させたという達成感、多くの苦労と喜びをともにした仲間たちとの絆、世界中の国々にできた新しい友人たち」だそう

2 オリンピック・パラリンピックとスポーツボランティア 49

だ。しかし、彼が得た最も大きなものは、その後の人生の変化であろう。

　オリンピック、パラリンピックが終了した後も、彼はスポーツに限らず、新たなボランティアを次々と始めている。スポーツイベントの案内係や、ウォーキングイベントの企画運営、時には、オリンピックでの経験を買われ、責任者を任せられることもあるそうである。まさに、一つのオリンピック・パラリンピック後のスポーツボランティアモデルである。

　このように、オリンピック・パラリンピック後に、スポーツボランティアの継続的なモデルが構築されることは、レガシーとしてとても重要な視点である。そのためには、継続的な機会の提供（情報の提供）、ボランティア同士のつながりの強化（ボランティアバンクの構築と活用）、こうした日本のスポーツボランティアのコーディネートを行う専門セクションの構築（組織維持）等が課題になるであろう。

　「支える」スポーツの魅力を拡大し、その力を広くスポーツ活動に生かしていくためには、こうした体制構築が急がれなければならない。それが可能になれば、スポーツボランティアは素晴らしいオリンピック・パラリンピックレガシーになるだろう。

column パラリンピックとボランティアの様子
－障がい者スポーツを支えるということ－
星野 恭子

伴走ボランティアとの出会い

今から10数年前、私は視覚に障がいのある人と走る、「伴走」というボランティアに出会いました。「見えない」「見えにくい」という不便さを持ちながら、スポーツを楽しんでいる人たちが大勢いることを初めて知り、「大好きなスポーツで役に立てる」ことにやりがいを感じ、以来、時間の許す限り、活動に参加しています。

人生とは不思議なもので、伴走を始めてから急に福祉分野の仕事も舞い込むようになりました。いつしか障がい者スポーツも取材対

マラソン大会での伴走ボランティアの様子

象となり、国際的な身体障がい者のスポーツ大会、パラリンピックを初めて取材したのは、北京2008大会です。

世界中から集まった「超人たちの競演」は、どれもこれも刺激的でしたが、閉会式中盤での一コマも印象的でした。大会ボランティアの代表10数名が壇上に呼ばれ、「あなた方の活躍なくして、大会の成功はありえなかった」と賛辞と花束を贈られたのです。誇らしげに両手を高々とあげた姿は輝いていました。私も取材中、さまざまな場面で何度も助けられたので、心から感謝の拍手を送ったことを覚えています。

パラリンピックの歴史

パラリンピックは近年、オリンピック、FIFAワールドカップについで、

世界で 3 番目に大きなスポーツイベントに成長、発展しています。ここで少し、その歴史を振り返ってみましょう。

　第二次世界大戦中の 1944 年、イギリスは傷病兵のためにロンドン郊外にあったストーク・マンデビル病院に脊髄損傷科を新設します。画期的だったのは、初代科長のルードヴィヒ・グットマン氏が、「失ったものを数えるな。残された機能を最大限に活かせ」という精神のもと、障がいのある患者のリハビリにスポーツを積極的に取り入れたことです。

　1948 年には男女 10 数名の患者が参加して、マンデビル競技大会まで開催されました。オリンピックの開会式当日に行われた、この車いすアーチェリー大会がパラリンピックの原点といわれています。この大会は毎年恒例となり、国際化され、発展していきます。そのうち、車いす選手だけでなく、視覚障がい者や切断障がい者も参加する大会となり、規模も拡充していきます。

　1989 年には国際パラリンピック委員会（IPC）が発足。これを機に 1960 年にオリンピック開催地ローマで開かれた、「第 9 回国際ストーク・マンデビル競技大会」が「第 1 回パラリンピック」として位置づけられました。4 年後の東京 1964 大会が第 2 回パラリンピックです。

　その後、IPC と国際オリンピック委員会（IOC）の合意により、北京 2008 大会からは一つの組織委員会がオリンピックとパラリンピックを統一して運営するようになり、さらに進展します。ロンドン 2012 大会は、パラリンピック発祥地での初開催だったこともあり、大きな盛り上がりを見せ、興業的にも大成功しました。このように、パラリンピックは世界最高峰の障がい者スポーツ大会として発展を続けています。

　「パラリンピック」という名称は、元は 1964 年、オリンピック後に東京で開かれた「国際身体障がい者スポーツ大会」の際に、「パラプレジア（paraplegia ＝脊髄損傷による下半身まひ）」と「オリンピック」を掛け合わせてつくられた愛称として使われ始めました。後に、IPC によって「パラレル（parallel ＝もう一つ）のオリンピック」に意味が改められ、正式な大会名称となりました。

52

パラリンピックの意義と東京 2020 大会

パラリンピックは障がいのある選手にとって大きな目標大会であるだけでなく、社会全体に対して新たな気づきを提供し、共生社会の真の実現や確立への大きなきっかけとなりうるイベントとしても期待されています。一つは、必然的にバリアフリーやユニバーサルデザインを念頭に置いたインフラ整備が求められるため、ハード面での誰にも優しい社会づくりに役立ちます。

2015 年大分国際車いすマラソン大会。約 2,000 名ものボランティアが大会を支える歴史ある大会

もう一つは、障がい者はもちろん、マイノリティや外国人への配慮も必要となるため、多様性の理解や促進につながります。一人一人の個性を尊重し認め合い、誰もが活躍できる社会の実現の一歩となります。このように、パラリンピック成功を目指して障がい者のスポーツを広めることは、日本を共生社会へと変える取り組みでもあるのです。

また、1964 年の第 2 回大会につづき、2020 年の第 16 回大会開催を控える東京は、「世界で初めて 2 回目のパラリンピックを開催する都市」として世界からも注目されています。東京 1964 大会が戦後日本を元気づけ、世界に開かれた国へと変えたように、東京 2020 大会ではどんな新たなパラリンピックを見せてくれるのか、そして、どんな未来を示唆してくれるのだろうかと、東京は、日本は、世界から期待されています。

パラリンピックとボランティア

こうした世界の注目もあり、東京大会は、「パラリンピックの成功なくして東京 2020 大会の成功はない」といった姿勢で準備が進められています。メダル獲得に向けた選手の発掘や強化に加え、街のバリアフリー

化やおもてなし文化の醸成などの担い手として期待されているのが、「ボランティア」です。

　私も過去5大会の取材経験から、「ボランティアは大会の顔。大会自体の印象も左右する存在」と感じています。あくまでも、各会場で見聞きした私個人の印象ですが、政治体制や文化、ボランティアに対する考え方などお国柄によって、それぞれ特徴があったからです。

　例えば、北京2008大会は「挙国」。中国ではオリンピックも含めて初開催であり、ちょうど組織委員会もオリンピックと統一された最初の大会でもありました。豊富な人材を贅沢に動員し、マニュアルを徹底させ、「成功させたい」という意気込みを感じました。

　バンクーバー2010冬季大会は「エンジョイ」。冬季大会だったので参加選手も約500人と、北京大会の8分の1と小規模だったこともあると思いますが、日常的にボランティア文化が根づいたカナダ人にとって国際大会という気負いはなく、楽しそうだった印象があります。全体的に年齢も高めの"ベテラン"の方が多かったからかもしれません。

　ロンドン2012大会は、パラリンピック発祥の地としての「誇り」を感じました。ボランティアをあえて、「Games Maker ＝大会をつくる人」と別名で呼んだことも、「チーム」としての意識を高めることに成功していたと思います。

　ソチ2014冬季大会はロシアとして初めての開催でした。欧米とは異なり、国内に「他者のために無償で働く」というボランティアの考え方自体がなかったといい、組織委員会はまず、国内各地の大学などにボランティアセンター（全26か所）を開設し、「ボランティア教育」から始めたそうです。おかげで、ソチのボランティアは学生が主体となり、「若さ」いっぱいでした。

リオデジャネイロパラリンピックのボランティア

リオデジャネイロ 2016 大会は南米で初めて開催された大会です。地元ブラジル国民が大半を占めたボランティアは、まさに「ラテンのノリ」。満面の笑顔で場内 BGM に身体を揺らしながら、言葉の壁を物ともせず、陽気で思いやりにあふれ、優しく来場者に対応する姿が印象的でした。

さて、東京 2020 大会のボランティアは国内外からの多くの来客に対し、どんな印象を残せるでしょうか？

東京 2020 大会へ、身近な一歩から

4 年後の東京 2020 大会で、ボランティアとして活動することを希望している人も多いでしょう。その準備も兼ねて、今からぜひ、パラスポーツに関わってほしいと思います。パラスポーツは日常的に、多くのボランティアを必要とし、ボランティアに支えられています。

関わり方はさまざまありますが、一つは競技者として参加すること。例えば、視覚障がいがある選手には「目の代わりとなる人」が必要です。陸上競技で一緒に走る伴走者や、ブラインドサッカーのゴールキーパーやコーラーなどです。また、さまざまな大会の運営ボランティアや競技団体のスタッフとして関わることもできます。

もう一つ、最も気軽にできて、よい経験、よい学びとなるのが会場での試合観戦です。ガイドブックや場内アナウンスなどが用意された大会も増えているので、ルールを知ることができます。競技の迫力やスピード感、あるいは緊張感なども実感できます。最近は体験会を実施する大会も多いので、競技を体感できるでしょう。

そして、多くの温かな声援は選手を元気づけ、力になります。でも、まだまだ障がい者スポーツの観戦者が少ないのが現状です。まずは、「観戦ボランティア」から始めてみませんか？

そのときはぜひ、選手の「できない」ではなく、「できる」ことに注目してください。例えば、車いすバスケットボールの選手は「歩けない」けれど、コート内ではスピーディーで迫力いっぱいのプレイを見せてく

れます。健常者と全く同じ広さのコートを駆け回り、全く同じ高さのゴールに、座った状態から鮮やかにシュートを決めます。

　選手たちの素晴らしいパフォーマンスは、あなた自身に新たな気づきを与え、励みや勇気をも与えてくれるはず。その体験こそが、パラリンピックのボランティアとして「はじめの一歩」となるのです。

星野 恭子　Hoshino Kyoko
フリーライター

大学卒業後、企業勤務を経て1994年より米国へジャーナリズム留学。現地にて、ウェブサイト編集職などを経験して帰国。2002年からフリーライターとして活動、インタビュー記事などを雑誌やウェブサイトに寄稿中。障がい者スポーツの取材は2006年頃から。主な著書に 『くらしの中のユニバーサルデザイン』（あかね書房2006年）『伴走者たち〜障害のあるランナーをささえる』(大日本図書2008年)『いっしょに走ろっ！夢につながる、はじめの一歩』(大日本図書2012年)。ホームページ　http://hoshinokyoko.com

3 ボランティアと スポーツボランティア

　現代社会におけるボランティア状況において、「スポーツボランティア」論はどのように展開することが可能なのであろうか。ここでは、ボランティアの概念を整理しながら、スポーツボランティアについて概観したい。

　未曾有の自然災害の発生、少子高齢化による福祉的課題の多様化、民間と行政の協働事業の推進、地方創生とまちづくり、体験・経験型学習の推進等、これらはわが国における現代社会の諸課題であるとともに、「ボランティア」を台頭させる要因でもある。今日、ボランティアはさまざまな場面で非常に重要な役割を果たしており、それぞれの活動によって社会全体が支えられている部分も多い。特に、2011年に発生した東日本大震災は、警察、消防、自衛隊等の専門集団を持ってしても災害に対応することは難しく、実際は、多くのボランティアがさまざまな役割を担っていた。

　こうしたボランティアモデルが確立されたのは、「ボランティア元年」といわれる阪神・淡路大震災の年（1995年）からである。この阪神・淡路大震災における100万人を超えるボランティアの活動が各メディアを通じて伝えられ、視覚的にボランティア活動がイメージ化された。

　震災から2年後の1997年1月には「ナホトカ号重油流出事故」が発生した。当時、北海道で学生生活を送っていた私は、ボランティアとして現地（現・福井県坂井市三国町）に入った。すでにシステム化されていた「災害ボランティアセンター」が設立され、災害状況に応じてボランティア活動の割り振りがなされていた。1月の北陸地方は非常に寒く、海からの冷たい風が吹きつける海岸や砂浜での重油回収作業は過酷を極めた。しかし、同じ民宿に泊まり活動をともにしたボランティア仲間と

は、互いの活動をたたえ、非常に有意義な時間を過ごしたことを記憶している。私も含めたそれぞれのボランティアが経験したこうした活動とつながりの構築は、自己を犠牲にした奉仕活動という重いボランティアイメージから、自己実現を彷彿させるボランティアイメージへの変革の過程であったともいえる。

それから20年が過ぎた今日、2016年熊本地震をはじめとして大小かかわらずさまざまな災害が発生しているわが国であるが、その度に多くのボランティアによる活動の様子が伝えられ、さらにSNS等の新しいメディアの普及により、ボランティアにおける情報とネットワークの幅も広がりつつある。また、1998年には「特定非営利活動促進法」も制定され、NPO法人の活動も活発になり、まさにボランティアを含めた市民活動を中心とした「サードセクター」[15]の運営にも注目が高まっている。

こうした現代社会におけるボランティア状況との関係から、スポーツボランティアはどのように論を展開することが可能なのであろうか。ここではボランティアの概念を整理しながら、スポーツボランティアについて概観したい。

ボランティアの語源と意味

現代社会の中で、まぎれもなくボランティアという領域は拡大し、私たちが安心・安全に、そしてより幸せに生きるために必要なセクションを担う活動になりつつある。では、そもそもボランティアとは本義的にはどういう意味なのか。

volunteerは十七世紀のフランス語のvolontaireから、自発的

---

(15) サードセクター論については、例えば、向井清史（2015）を参照。

（voluntary）と従事する（～ eer）が結びついてできた言葉である。
ボランティアを表す志願者のほかに、軍隊用語として志願兵や義
勇兵、あるいは植物学では自生植物の意味で使われている。

（内海・中村, 2014：7）

　volunteer の語源は、自由意志を意味する「voluntas（ウォランタス）」
である。歴史的には、生活環境の安全を守るための「自警団」への「参
加者」を意味していた時期もあり、騎士団や十字軍などの宗教的意味を
持つ団体もボランティアとされていた。例えば、イギリスのカンタベリー
にある大聖堂には、空襲時にボランティアが率先してバケツやスコップ
で砂を運び、焼夷弾から燃えそうになった聖堂を守ったことをたたえる
石碑もある。
　日本ボランティアコーディネーター協会代表理事の筒井のり子氏は、
ボランティアの自発性の重要性を次のように説明している [16]。

　　「義務や強制ではなく『volo』であるからこそ、大部分の人が気
づかないような小さな問題に気づく人がおり、『volo』だからこそ、
もっと工夫をしたい、もっとニーズに応えたいと思い、それが前
例のない先駆的な取り組みを生み出すことに繋がります。そして、
『volo』だからこそ、たとえ自分が費用を負担して（無償）でも取
り組む、という『無償性』の性格が出てくるのです。」
　　　　　　　　　　　　　（ホームページ「避難者生活支援・相談センター
　　　　　　　　　　　　　　　　　　　　　　　　はあとふる・ふくしま」）

　英語 will（意志）の語源である「volo」は、ラテン語で、「自分から

────────────
　（16）もう一度聞いておきたいボランティア活動Q&A「そもそも、「ボランティア」っ
てどういう意味ですか？　いつ頃から日本に登場したのでしょう？」（2013年11月6日）
http://www.pref-f-svc.org/archives/7288（最終アクセス日：2016年9月30日）

3　ボランティアとスポーツボランティア　　59

進んで〜する」「喜んで〜する」を意味する。ボランティアは、主体的な自発性のもとに成り立つのである。

　現在のボランティア言説には、自発性以外に多くの要素が含まれている。例えば、東京ボランティア・市民活動センターのホームページには、4つのボランティア原則が示されている。1. 自分からすすんで行動する（自主性・主体性）、2. ともに支え合い、学び合う（社会性・連帯性）、3. 見返りを求めない（無償性・無給性）、4. よりよい社会をつくる（創造性・開拓性・先駆性）の4つである[17]。この原則と語源を比べると、意味が拡大しているものは、無償性といった経済的側面と、社会性や創造性といった公益的な側面である。

　もちろん、ボランティア活動の後に、こうしたさまざまな要素が実現されることは非常に望ましいことである。しかし、そのためにボランティアが推進されすぎると、最も大切な自主性・主体性のバランスを失いかねない。これは「スポーツボランティア」を定義するうえでも最も大切なことである。

　確かに、現在のスポーツボランティアの状況を鑑みると、人気のあるスポーツボランティアは、募集体制が確立され、ボランティアに対する認知も高まり、実にやりがいを感じる活動であると推測される。しかし、元々の語源である志願兵や義勇兵をあえて当てはめるならば、自らの意思で、たとえ陽は当たらないかもしれないが、種々のスポーツボランティア活動を通して、着々とスポーツ文化の醸成に挑み続けている（戦い続けている）ボランティアにこそ、学ぶべき真理があるのかもしれない。

（17）東京ボランティア・市民活動センター,「ボランティア活動,4つの原則〜ボランティア活動の基本的な考え方〜」 http://www.tvac.or.jp/page/hajime_gensoku.html　（最終アクセス日：2016年9月30日 ）

スポーツボランティアはどのように定義できるのか？

わが国のスポーツイベントにおいて、ボランティアが公募され、初めて組織的に活躍したのは1985年のユニバーシアード神戸大会であった。大会を支えたボランティアの数は8,300人、延べ人数では4万2,000人に上った。確かに、ユニバーシアード神戸大会がスポーツイベントにおいてボランティアが公募され活動したモデルの最初であることには間違いないであろう。ただ、個人や地域レベルの活動まで含めると、おそらく、多くの方が1985年以前からボランティアとしてさまざまなスポーツ活動を支えてきたはずである。

> 「私は1958（昭和33）年4月から都立文京盲学校中学部に勤務し生徒から盲人野球、バレーボール、卓球等を教わった。その他、学校周辺をマラソンしたり（盲人生と弱視生が手を組む）近くの神社の石段を昇りスポーツの喜びと苦しみを共に体験した。」
>
> （あゆみ日本盲人マラソン協会の30年より）

これは、1958年当時に盲学校の体育教師をしていた方の文である。もちろんスポーツボランティアという言葉もない頃ではあるが、互いに助け合いながらスポーツを楽しむ姿が描かれている。このように、スポーツを生活の中に位置づけていた数多くの実践者の中には、こうした事例に限らず、互いに支え合いながらスポーツ実践が展開されてきたわけである。

特に、自らの意思によってスポーツを指導されてきた方、各種クラブ・団体の運営に携わってきた方、大小かかわらずさまざまなスポーツイベントの運営に携わってきた方、障がい者をはじめとして、スポーツの実践に困難が伴う方々のサポートを行ってきた方等、現在のスポーツボランティア活動の前身にあたる活動は多岐にわたっている。

こうした歴史的変遷の中で、スポーツボランティアに関しては、いく

つかの組織が以下の通り定義している。

表　スポーツボランティアの定義

文部省（現・文部科学省）「スポーツにおけるボランティア活動の実態等に関する調査研究協力者会議」（2000年）
地域におけるスポーツクラブやスポーツ団体において、報酬を目的としないで、クラブ・団体の運営や指導活動を日常的に支えたり、また、国際競技大会や地域スポーツ大会などにおいて、専門的能力や時間などを進んで提供し、大会の運営を支える人のこと
笹川スポーツ財団「スポーツライフに関する調査」（2004年）
スポーツ・ボランティアとは、報酬を目的としないで自分の労力、技術、時間を提供して地域社会や個人・団体のスポーツ推進のために行うことを意味する。ただし、活動に要する交通費等の実費程度の支払いは報酬に含めない
日本スポーツボランティア・アソシエーション（2004年）
スポーツという文化の発展のために金銭的報酬を期待することなく、自ら進んでスポーツ活動を支援する人（活動）のこと

　文部省（現文部科学省）の定義では、報酬を目的としないで、日常的なスポーツ活動を支える人と、大小スポーツイベントを支える人がスポーツボランティアとなる。この定義を厳密に読めば、組織的なスポーツ活動を支えることが強調され、個人のスポーツ活動を支える側面が弱い。また、笹川スポーツ財団の定義では、個人・団体のスポーツ活動全般に焦点が当てられているが、大会やイベント等への直接の示唆が若干弱いようである。また、「活動に要する交通費等の実費程度の支払いは報酬に含めない」という無償性に関する独自の見解も含まれている。スポーツボランティア団体の一つである、日本スポーツボランティア・アソシエーション（NSVA）は、スポーツ文化全般に焦点を当てていることと、金銭的報酬に関する記述がある。

　総合型地域スポーツクラブの運営、各種マラソン大会の開催、障がい者スポーツの推進等、さまざまなスポーツ活動が実践されている今日、スポーツを支える人なくしては、スポーツ活動そのものが成り立たない場合が多い。いわば、スポーツを支える活動は、その人の意思を超えて

その価値が非常に大きなものになりつつある。また、スポーツを支えることそのものが社会貢献になるということは、企業、組織、団体等が行う社会貢献活動との結びつきが大きくなり、無意識的に別次元の寄付行為に関与している場合も大きい。だからこそ、スポーツボランティアには、ますます自発的意思と客観的な判断に基づく活動が求められるのであり、主体性と自立性の確立が必要になる。

　よって、本書ではスポーツボランティアを次のように定義する。

　「自発的な意志と判断に基づき、個人やクラブ・団体のスポーツ活動、ならびに各種スポーツ大会・イベント等を支え、スポーツ文化の発展に貢献する人（活動）のこと」

　もちろんこの定義は、あくまでも本書内における定義である。強調したのは自発性と、自分が何を支えているのかという客観的な判断力である。定義をすることよりも、活動が豊かになることの方が大切であるかもしれないが、さまざまなメガ・スポーツイベント開催を控え、スポーツボランティアに関心が高まり、多種の資本との結びつきが大きくなっている今日だからこそ、客観的な定義は重要性を増しているのである。

「支える」スポーツという言説の誕生
—スポーツ政策の変遷から—

　1961 年にわが国で初めてスポーツに関する法律、「スポーツ振興法」が制定された。2000 年には「スポーツ振興基本計画」が出され、「総合型地域スポーツクラブ」が施策として位置づけられるなど、具体的な取り組みが推進された。こうした取り組みの方向は、2006 年に改定された「スポーツ振興基本計画（改定版）」として再整理され、市民レベルのスポーツの実施率を高め、子どもの体力低下や、生涯スポーツ社会を

実現することが念頭に置かれている。総論には、以下の記述があり、多様なスポーツの関わり方として「支えるスポーツ」について言及されている。

> 人間とスポーツとのかかわりについては、スポーツを自ら行うことのほかに、スポーツをみて楽しむことやスポーツを支援することがある。スポーツをみて楽しむことは、スポーツの振興の面だけでなく、国民生活の質的向上やゆとりある生活の観点からも有意義である。また、スポーツの支援については、例えば、ボランティアとしてスポーツの振興に積極的にかかわりながら、自己開発,自己実現を図ることを可能とする。人々は、このようにスポーツへの多様なかかわりを通じて、生涯にわたる豊かなスポーツライフを実現していくのである。
>
> （スポーツ振興基本計画　総論[18]より　傍点筆者）

その後、文部科学省は、続く 10 年間の政策として 2010 年に、「スポーツ立国戦略」を文部科学大臣決定という形で公表した。その内容は、目指すべき姿を「新たなスポーツ文化の確立」とし、基本的な考え方を「人（する人、観る人、支える（育てる）人）の重視」、「連携・協働の推進」としている。このスポーツ立国戦略の基本的考え方として、支える（育てる）人の重視という、具体的な「支えるスポーツ」に関する記述がなされた。

後の 2011 年には、スポーツ振興法を全面改定した「スポーツ基本法」が制定された。また、スポーツ基本法を受け 2012 年に策定された「スポーツ基本計画」では、「スポーツボランティア」という用語とともにその

---

(18) スポーツ振興基本計画 1総論　http://www.mext.go.jp/a_menu/sports/plan/06031014/001.htm（最終アクセス日：2016年9月30日）

活動について言及されている。支えるスポーツやスポーツボランティア
に関する主な記述は表の通りである。整理すると、スポーツ指導をはじ
め、日常的にスポーツ活動を支えること、あるいは、大会等の運営を支
えることがスポーツボランティアとされていることがわかる。また、国
や地方公共団体や大学等において、その育成等が期待されていることが
特徴である。

　この国が策定したスポーツ基本計画を踏まえて策定されている、各都
道府県・市町村のスポーツ推進計画にもスポーツボランティアに関する
内容が盛り込まれている。特に、各都道府県・市町村のスポーツ推進計
画の中には、災害時など非常時にも相互に助け合う、協力し合うという
側面を併せて強調し、ボランティア活動は、スポーツ振興のみならず地
域社会の安心・安全の構築につながることを併記している自治体も多い。

表　スポーツ基本計画における主なスポーツボランティアに関わる表記

第2章　今後10年間を見通したスポーツ推進の基本方針
その際、スポーツを実際に「する人」だけではなく、トップレベルの競技大会やプロスポーツの観戦等スポーツを「観る人」、そして指導者や**スポーツボランティア**といった「**支える（育てる）人**」にも着目し、人々が生涯にわたってスポーツに親しむことができる環境を整えるものとする。
第3章　今後5年間に総合的かつ計画的に取り組むべき施策 2.若者のスポーツ参加機会の拡充や高齢者の体力つくり支援等 ライフステージに応じたスポーツ活動の推進 （1）ライフステージに応じたスポーツ活動等の推進 ②現状と課題：
スポーツを「支える人」の重要な要素である**スポーツボランティア**は、地域スポーツクラブ等のスポーツ団体において、日常的に運営やスポーツ指導を支えたり、国際競技大会や地域スポーツ大会等の運営を支えるなどしており、スポーツ推進のために一層の活躍が期待されている。
③今後の具体的施策展開：（多様な主体のスポーツ参加の促進）
地方公共団体においては、職業人・社会人として経験を積み、生活が安定し、子育ても一段落するなど、余暇時間を自分のために使える年齢層や定年退職を迎え、仕事中心の生活から地域における生活に比重が移行していく年齢層が、**スポーツボランティア等**のスポーツ活動を通じて、地域社会に参加し積極的な役割を得ることができるよう、スポーツプログラムやスポーツイベント等様々な機会を提供することが期待される。

3　ボランティアとスポーツボランティア

③今後の具体的施策展開：（スポーツボランティア活動の普及促進）
○ 国は、地方公共団体、大学・研究機関、スポーツ団体、民間事業者等と連携を図りつつ、**スポーツボランティア活動**に関する事例の紹介等の普及・啓発活動を通して、**スポーツボランティア活動**に対する国民の関心を高める。 ○ 地方公共団体においては、**スポーツボランティア**として大きな貢献がある者を、例えば「**スポーツボランティアマスター（仮称）**」として認定しその功績を称えること等により、**スポーツボランティア**活動を奨励することが期待される。 ○ 地方公共団体やスポーツ団体等においては、地域住民が、日常的に総合型クラブをはじめとした地域スポーツクラブやスポーツ団体等の運営に参画できたり、校区運動会や地域スポーツ大会等のスポーツイベントの運営・実施やスポーツの指導に参画できる環境を整えることが期待される。
3.住民が主体的に参画する地域のスポーツ環境の整備 （2）地域のスポーツ指導者等の充実 ②現状と課題：
スポーツ指導者は、スポーツを「**支える（育てる）人**」の重要な要素の一つであり、大学はもとより、日体協や各競技団体、公益財団法人日本レクリエーション協会（「レク協」）をはじめ、多くのスポーツ団体においても養成や研修が行われており、量的には増加傾向を示している。
（4）地域スポーツと企業・大学等との連携 ③今後の具体的施策展開：
大学においては、学生による**スポーツボランティア活動**を支援することが期待される。
7.スポーツ界における好循環の創出に向けたトップスポーツと 地域におけるスポーツとの連携・協働の推進 （2）地域スポーツと企業・大学等との連携 ③今後の具体的施策展開：
大学においては、学生による**スポーツボランティア活動**を支援することが期待される。

（太字は筆者）

注目度を増すスポーツボランティア

2020 年東京オリンピック・パラリンピックを前に、スポーツボランティアへの注目は高まっている。それは、大きく政策的な側面と経済的側面が重層的に絡まり合うことで、より一層大きくなっている。

先に整理したスポーツ基本計画にもあるように、スポーツへの関わり方の一つとして位置づけられるとともに、スポーツ推進のために一層の活躍が期待されてもいる。具体的には、ライフステージに応じて「仕事中心の生活から地域における生活に比重が移行していく年齢層」に焦点が当てられている。また、その普及についても「国は、地方公共団体、大学・研究機関、スポーツ団体、民間事業者等と連携を図りつつ、スポーツボランティア活動に関する事例の紹介等の普及・啓発」することが明文化されている。こうしてスポーツボランティアが政策的に位置づけられることで、都道府県・市町村へと波及し、予算付けがなされ、具体的な施策として展開されることになる。

　スポーツボランティアが普及することは、単にスポーツへの関わり方が拡大したり、スポーツの推進に寄与するだけではない。例えば、オリンピック・パラリンピックの事前キャンプ地として名乗りを上げる多くの自治体において、スポーツボランティア体制があることが強調されている。あるいは、スポーツコミッションを設立している自治体においても、スポーツイベントの誘致と開催支援の要素として、スポーツボランティアを位置づけている。

　こうして、人材としてのスポーツボランティアの価値が高まり、それは、経済的な側面と大きく合致していく。2020年を控えた現在、「東京2020オリンピックゴールドパートナー」である多くの企業が、さまざまな形でボランティア育成に取り組み始めている[19]。企業がボランティア育成に取り組むということは、企業のCSR[20]とともに、グローバル

---

　(19) 東京五輪・パラリンピックの国内のスポンサーは3種類あり、ランク上位から順に「ゴールドパートナー」「オフィシャルパートナー」「オフィシャルサポーター」となっている。ゴールドパートナーには、15社が契約している。スポンサーの一つである、東京海上日動火災保険株式会社は、「東京都外国人おもてなし語学ボランティア」との連携を開始し、語学ボランティア育成に力を入れている。 http://www.tokiomarine-nichido.co.jp/company/release/pdf/160422_01.pdf（最終アクセス日：2016年9月30日）

　(20) CSRとは「Corporate Social Responsibility」の略であり、「企業の社会的責任」とされている。さまざまな活動を意味するが、環境や社会の持続可能性に貢献する活動が期待されている。

社会に対応した将来的な社員の人材育成という側面も大きいことを忘れてはならない。

　また、東日本大震災や熊本地震をはじめとしてさまざまな災害が後を絶たない。このような災害時には、多くの災害ボランティアが活躍している。日頃、スポーツボランティアを実践されている方の中にも、災害時には災害ボランティアとして活躍される方も多い。また、スポーツボランティア実践者の中には、スポーツ以外のボランティア活動に携わっておられる方も多い。

　スポーツボランティアを政策的に普及させるということは、もはや、スポーツ文化そのものの発展を超えて、経済的側面も含めてさまざまに波及する可能性を持っている。2020年が近づくにつれ、さらにスポーツボランティア関連の事業も増加するであろう。こうした時にこそ、改めてその本質を考え、自立した主体的なスポーツボランティア活動が展開できるよう、注視する必要が高まっている。

4 スポーツボランティアの現状
－データでみるスポーツボランティア－

　この章では、スポーツボランティアに関するいくつかの調査結果を参照しながら、その特徴を整理する。これまでも述べてきたが、スポーツボランティアには実に多様な活動分野がある。また、性別や年齢によっても、あるいはその他の諸条件によってもその関わり方が異なる。データを通してスポーツボランティアを概観することで、その諸特徴を把握したい。

スポーツボランティアの実施率と実施希望率

　笹川スポーツ財団の『スポーツライフ・データ2014』によると、スポーツボランティア活動に携わる成人の割合は、2006年から2014年の間、7～8%前後で推移しており、直近の実施率は7.7%である。また、男女で比較すると、男性の方が実施率が高くなっている。

　同じく、「10代のスポーツライフに関する調査」によると、スポーツボランティア活動に携わる10代の割合は、2005年から2015年の間、12～15%前後で推移しており、直近の実施率は15.0%である。また、男女で比較すると、こちらも男性の方が実施率が高くなっている。

　実施希望率では、成人で14.5%（男性17.5%、女性11.6%）、10代で38.3%（男性37.5%、女性39.0%）となっており、それぞれ潜在需要が高いことがわかる。

図　スポーツボランティア活動に携わる成人の割合と実施希望率

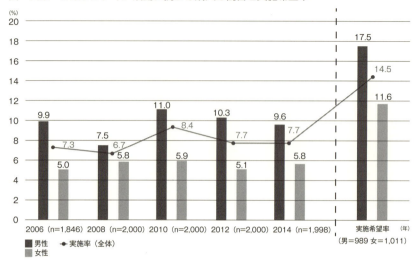

出所：笹川スポーツ財団『スポーツライフ・データ2014』より筆者が作成

図　スポーツボランティア活動に携わる10代の割合と実施希望率

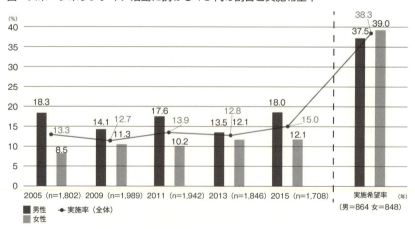

出所：笹川スポーツ財団「10代のスポーツライフに関する調査」(2015) より筆者が作成

スポーツボランティア実施者の活動内容

　笹川スポーツ財団「スポーツにおけるボランティア活動活性化のための調査研究（スポーツにおけるボランティア活動を実施する個人に関する調査研究）」におけるスポーツボランティア実施者の活動内容における実施率をみると、『地域のスポーツイベント』における「大会・イベントの運営や世話」が51.4％と最も高くなっており、次いで『日常的な活動』の「団体・クラブの運営や世話」、「スポーツの指導」が高くなっている。また、年間の実施回数では、『日常的な活動』の「スポーツの指導」が21.1回と多くなっており、次いで「団体・クラブの運営や世話」が多くなっている。

　実施率でみると『地域のスポーツイベント』における「大会・イベントの運営や世話」が高いが、年間では3回未満である。実施回数でみると、『日常的な活動』の「スポーツの指導」が約21回と多くなっている。こうしたことから、スポーツボランティアの活動内容によって、その関わり方の頻度に大きな違いがあることがわかる。

図　スポーツボランティア実施者の活動内容における実施率と実施回数

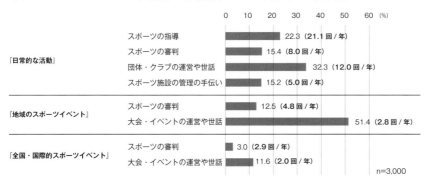

出所：笹川スポーツ財団「スポーツにおけるボランティア活動活性化のための調査研究（スポーツにおけるボランティア活動を実施する個人に関する調査研究）」より筆者が作成

スポーツボランティア実施者の活動のきっかけ

　笹川スポーツ財団「スポーツにおけるボランティア活動活性化のための調査研究（スポーツにおけるボランティア活動を実施する個人に関する調査研究）」におけるスポーツボランティア実施者の活動のきっかけをみると、すべての項目において「依頼されたから」が「自分でやりたいと思ったから」よりも高くなってる。特に、『日常的な活動』と『地域のスポーツイベント』においては、その傾向が顕著である。一方、『全国・国際的スポーツイベント』においては、「自分でやりたいと思ったから」の割合が、他よりもやや高くなっている。

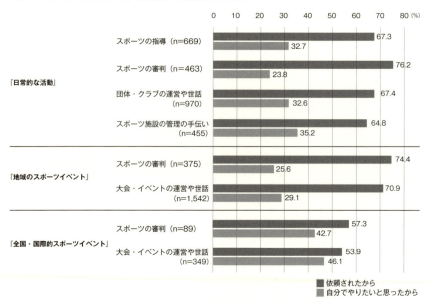

図　スポーツボランティア実施者の活動のきっかけ

出所：笹川スポーツ財団「スポーツにおけるボランティア活動活性化のための調査研究
　　　（スポーツにおけるボランティア活動を実施する個人に関する調査研究）」より
　　　筆者が作成

この結果から、特に『日常的な活動』と『地域のスポーツイベント』において、ボランティア人材が不足していることと、これまでの伝統的な依頼型のボランティアスタイルが影響していることが想定される。特に、審判等の専門的なボランティアは、必要人数が量的に確保できているのか確認していく必要がある。

スポーツ以外のボランティア活動の実施

笹川スポーツ財団「スポーツにおけるボランティア活動活性化のための調査研究（スポーツにおけるボランティア活動を実施する個人に関する調査研究）」におけるスポーツボランティア実施者のスポーツ以外のボランティア活動の実施の有無をみると、スポーツボランティア実施者は、スポーツ以外のボランティアにも積極的に参加していることがわかる。

図　スポーツ以外のボランティア活動の実施

■ 実施している
■ 実施していない

16.7 (%)

83.3

n=3,000

出所：笹川スポーツ財団「スポーツにおけるボランティア活動活性化のための調査研究（スポーツにおけるボランティア活動を実施する個人に関する調査研究）」より筆者が作成

無自覚スポーツボランティアの存在

笹川スポーツ財団の『スポーツライフ・データ 2014』では、「スポーツボランティアを実施していない」と回答した人のうち、「地域のスポーツイベントやスポーツ行事に関する活動」と「スポーツ団体やクラブ等での活動」の詳細項目について、一つ以上の項目で実施したことが「ある」と回答したものを「無自覚スポーツボランティア」としている。これによると、16.3% の無自覚スポーツボランティアが把握されている。

慣習的な活動であったり、他の理由（目的）から活動に参加したり（動員を含む）、一時的な参加であったり等、その無自覚性の内容を特定す

ることは難しい。また、この数字が定義としている本質的なスポーツボランティアをどの程度含んでいるのかも推測することはできない。しかし、歴史的にそうであるように、スポーツ活動そのものがさまざまな人に支えられながら展開されている活動である。量的な調査では把握できない、ボランタリーな活動が種々展開されていることを想定しながら、スポーツボランティアの全体像を捉えることが重要である。

東京 2020 オリンピック・パラリンピックへの
ボランティア参加希望

　東京 2020 オリンピック・パラリンピックへのボランティア参加について、これまでにいくつかの調査が行われている。ここでは、一般市民を対象とした調査と、スポーツボランティア実践者を対象とした調査について比較してみたい。一般市民を対象とした調査は、内閣府が実施した「東京オリンピック・パラリンピックに関する世論調査」、東京都が実施した「都民のスポーツ活動に関する世論調査」、埼玉県が実施した第 83 回簡易アンケート「2020 年東京オリンピック・パラリンピック競技大会の県内開催について」[21] である。それぞれの結果をみると、積極的な参加意識は約 2 割強といったところである。

　一方、スポーツボランティア実践者を対象とした調査は、笹川スポーツ財団が実施した「スポーツにおけるボランティア活動活性化のための調査研究（スポーツにおけるボランティア活動を実施する個人に関する調査研究）」、筆者が実施した「第 1 回さいたま国際マラソンボランティア意識調査」、ならびに「日本スポーツボランティアネットワーク会員

（21）埼玉県第83回簡易アンケート「2020年東京オリンピック・パラリンピック競技大会の県内開催について」https://www.pref.saitama.lg.jp/a0301/supporter/kani83.html（最終アクセス日：2016年11月20日）

団体の登録者およびスポーツボランティア養成プログラム受講者に対するスポーツボランティア意識調査」である。それぞれの結果をみると、積極的な参加意識は6割から9割の非常に高い参加希望となった。このことから、スポーツボランティア実施者においては、東京2020オリンピック・パラリンピックへのボランティア参加が大きなニーズとなっていることがわかる。

〈一般市民を対象とした調査〉

図　東京オリンピック・パラリンピックでのボランティア活動への参加意向

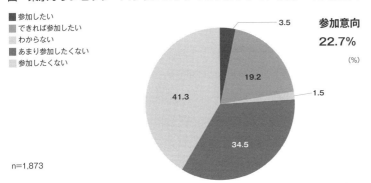

出所：内閣府政府広報室「東京オリンピック・パラリンピックに関する世論調査」より筆者が作成

図　東京オリンピック・パラリンピックでのボランティア活動への参加意向

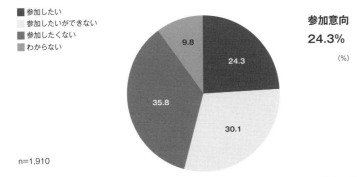

出所：東京都生活文化局「都民のスポーツ活動に関する世論調査」より筆者が作成

4　スポーツボランティアの現状

図　東京オリンピック・パラリンピックでのボランティア活動への参加意向

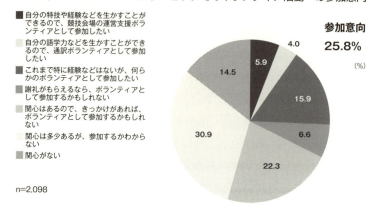

n=2,098

出所：埼玉県第83回簡易アンケート「2020年東京オリンピック・パラリンピック競技大会の県内開催について」より筆者が作成

〈スポーツボランティア実施者を対象とした調査〉

図　東京オリンピック・パラリンピックでのボランティア活動への参加意向

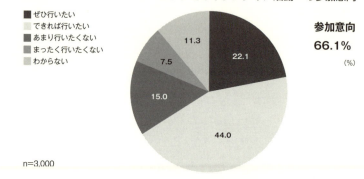

n=3,000

出所：笹川スポーツ財団「スポーツにおけるボランティア活動活性化のための調査研究（スポーツにおけるボランティア活動を実施する個人に関する調査研究）」より筆者が作成

図　東京オリンピック・パラリンピックでのボランティア活動への参加意向

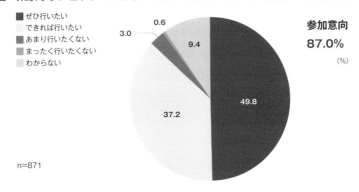

出所：「第1回さいたま国際マラソンボランティア意識調査」より筆者が作成

図　東京オリンピック・パラリンピックでのボランティア活動への参加意向

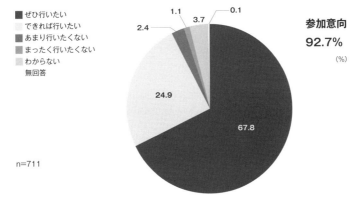

出所：「日本スポーツボランティアネットワーク会員団体の登録者およびスポーツボランティア養成プログラム受講者に対するスポーツボランティア意識調査」より筆者が作成

4　スポーツボランティアの現状　　77

column 仙台市におけるスポーツボランティア
－SV2004の活動から－
泉田 和雄

仙台・宮城のスポーツボランティアの変遷と特色

　今、仙台は年間を通じて 1,000 人以上の市民がスポーツボランティア
として活動し、ほぼすべてのプロスポーツや大型スポーツイベントの会
場で活動している地域になっています。それは、もちろん一朝一夕に生
まれたものではありません。

　宮城県では 2001 年の国民体育大会や 2002 年の FIFA ワールドカップ
が開催され、また、1998 年からのサッカーのベガルタ仙台のホームゲー
ムサポートなどを通じて、多くの市民がスポーツボランティアの活動を
楽しみ、その魅力を知りました。とりわけ、FIFA ワールドカップでは、
大会の認知を高め、気運の醸成をはかるという目的で「ワールドカップ
宮城・仙台推進委員会」が市民からメンバーを募集し、比較的市民自ら
の意思を尊重して「キックラブ」という組織で活動をさせてくれたこと
が、その後のスポーツに関わる「市民参加型」の活動に大きく影響した
と思います。

　2002 年大会が終了した後、「キックラブ」の有志は、2003 年に会場と
なった「宮城スタジアム」に、施設型ボランティアである「グランディ・
21 ボランティア」を県とともに立ち上げ、施設の有効活用や何よりそ
こで開催されるさまざまなスポーツイベントを支える活動を開始しま
した。一方で、宮城スタジアム以外の幅広いスポーツイベントのサポート
を目指し、誕生したのが「市民スポーツボランティア SV2004」でした。
幸い 2005 年にプロ野球で初めて東北楽天ゴールデンイーグルスや、プ
ロバスケットの仙台 89ERS のボランティアの立ち上げに関わり、その
後も多くのチーム、イベントのサポートにより、経験を積むとともに、
順調に仲間も増え、前述の通り現在では大小合わせて 7 つ以上の継続的

なスポーツボランティア組織が生まれ、必要に応じ横でつながりながら活動しているのです。

市民スポーツボランティア　SV2004 の活動について

　スポーツのボランティア活動自体は「入場口の対応」「観客の案内」「清掃業務」など、決して楽なものではなく地味な反面、特別な資格がなくても気軽に参加できるハードルの低さが特徴となっています。その参加動機は「サポートするスポーツやチームが好きだから」や、「仲間と一緒に活動できるから」、さらには「地域や社会に貢献したい」など実にさまざまです。しかし、共通するのは活動する人それぞれが自分なりの「楽しさ」を感じていることだと思います。

　その「楽しさ」はまさに千差万別ですが、観客やボランティアの目線で「楽しさ」を生み出し、継続発展させる取り組みが SV2004 の活動の大きな柱となっています。

　そのため、運営する組織とのコミュニケーション、半歩先を見据えた提案、必要に応じた研修、仲間同士の交流の場作りまで、さまざまな組織や個人と連携した活動を大切にしています。それらの活動を大別すると下記の通りです。

・スポーツのネットワークを通じて依頼される活動への参加
・ボランティアのレベルアップのための活動を企画運営
・活動する環境をよりよいものに快適なものにする活動
・同じ活動をする仲間との交流を楽しむ
・記録し残すための活動

これからに向けて

　どんなスポーツやイベントも、特定の地域を対象として開催され、その地域の人に楽しんでもらえることで成立し発展します。その意味では

地域の市民・住民といい関係をつくることは極めて大切ですし、地域との関係づくりの一つとしてスポーツボランティアがあります。経済的な側面もあるでしょうが、ボランティアはチームや大会と地域とをつなぐ存在であり、実にさまざまな可能性があるということです。

今後、国内では2019年のラグビーワールドカップや、2020年の東京2020オリンピック・パラリンピック競技大会など規模の大きいスポーツイベントが計画されており、その運営に多くのボランティアが必要といわれています。結果としてこれまで以上に注目が集まり、ボランティアの認知は高まるはずです。

将来を見越し、仙台では2013年から「スポーツボランティア・マッチング」という企画を年一回開催しています。これは最も一般市民のボランティア参加の多い「仙台国際ハーフマラソン大会」で楽しさを体験した方々に対し、既存のスポーツボランティア組織が自らの活動を紹介し、継続して活動に参加していただく場となっています。次に、2014年からスタートしたのが「中高生スポーツボランティア育成講座」で、県内・市内の中高生にプロスポーツや単発のスポーツイベントで活動を体験してもらい、座学やレポートの提出を経てスポーツ、とりわけボランティアへの関心を持っていただくものです。年々参加者も増加し、確実に広がりが生まれています。ボランティアの継続、そして成長のための取り組みに終わりはありません。これからも、スポーツ運営組織や行政とも連携しながら、新しい可能性を考え実行していきたいと思います。

泉田 和雄　Izumita Kazuo
市民スポーツボランティア SV2004 代表理事

1952年山形県出身、会社員、仙台市社会福祉協議会職員を経て、現在はスポーツボランティアの活動をライフワークとしている。サッカー、野球、バスケットボールなどボランティア歴は約20年。

第 2 章
スポーツボランティアを楽しむ

座談会
スポーツボランティアの世界に迫る

スポーツボランティアの中でも、圧倒的に人気なのがスポーツイベントを支えるボランティアである。東京マラソンのボランティアは募集開始から約1日で1万人のボランティア募集が集まる。筆者は、2007年第1回大会のボランティアリーダーを務めたが、その時には、募集開始から2か月以上経っても必要ボランティア数には達せず、運営者が頭を悩ませていたのを記憶している。それから10回目を迎える2016年大会は、募集が開始されてから間もなくして募集が終了した。一体こうした原動力はどこから湧いてくるのであろうか。スポーツボランティアの何が魅力なのか。活動を始めるきっかけはどのようなものだったのか。活動を長く続けられるコツはどこにあるのか。ここでは、実際にスポーツボランティアを実践している3名の方との座談会を通じて、その魅力に迫りたいと思う。

ファシリテーター
二宮 雅也
Ninomiya Masaya

谷川 捷宏
Tanikawa Katsuhiro
スポーツボランティア・コーディネーター

NPO法人日本スポーツボランティア・アソシエーション設立や東京マラソンにボランティアリーダーとして参画。スポーツイベントにボランティアを招集・派遣する。

小上馬 広介
Kojoma Kosuke
鎌倉市生涯スポーツ普及実行委員会

20年程前、引っ越しを契機に体育指導委員を受嘱。その後、東京マラソンをはじめ各地のランニング大会等でボランティア活動に関わり現在に至る。

飯塚 寿代
Iiduka Hisayo
JSVNスポーツボランティア・コーディネーター

Jリーグ、東京マラソンなどのボランティア活動を「ホーム」に、近年は全国の第1回大会参加とウルトラマラソンでの活動を、特に楽しみにしている。

選手から支える立場のボランティアへ

二宮 最初に一番ベテランの谷川さんにお伺いしましょうか。谷川さんがスポーツボランティアをやられてから15年ほどになるそうですが、すごいなって思うのは、僕は15年前に「スポーツボランティア」って言葉は知らなかったですよ。最初にそれらしい活動をやっていたときに、「スポーツボランティア」という言葉は使っていたんですか？

谷川 使っていませんでした。

二宮 では「スポーツのボランティアをする」みたいな感じでしょうか。

谷川 はい。20年ほどランニング教室に通っていて、いろんな大会にも出場していたんですよ。ある時、指導してくださっていた先生に「おい、谷川くん、きみはもうこれ以上速くならないし、教えることもないから、これからはランナーの後ろ支え、そういうことをやらないか」と言われたんです。私も定年目前でどうしようかなと思っていたところで、20年も教えてきてくださった先生の言うことだから、「はい、いいですよ」と。

二宮 なるほど。一番最初にやったボランティアは何だったんですか？

谷川 東京国際女子マラソンです。ちょうど第25回記念大会で、それまでは世界のトップランナー200人とかを集めての開催だったんですけど、記念大会だから市民ランナーも3,000人入れようということになり、その3,000人を支えるためにいわゆるボランティア1,000人が必要になり集めてくださいねと。1,000人のボランティアを束ねさせていただきましたよ。

　まぁ、ボランティアそのものというよりは、みんながそれぞれの部署でちゃんとやっている

座談会　スポーツボランティアの世界に迫る　83

かを見回る、そういう事務局的な活動を最初はやっていました。実は最初からいきなり成功したもんだから、面白いなぁと思いまして。そうこうしているうちに、また笹川スポーツ財団から一緒に活動をやらないかとお話をいただきました。やっているうちにどんどんとメンバーも集まっていって、そこから独立した人がまた新たに立ち上げたマラソン大会などをいくつか手伝いました。そこでも「谷川さん、また手伝ってくれないか」と声をかけられて。だから、ブロック長とかリーダーなどの束ねる役をずっと担当していましたね。

ルーツは友人たちのサッカー観戦デート

二宮 飯塚さんはどんな始まりだったんですか？

飯塚 2003年に始めて、今年で14年目になります。私のスタートはJリーグの湘南ベルマーレのゲームボランティアです。まだJリーグが始まったばかりの頃に、ベルマーレの試合を観戦したことがありまして。まぁそれはデートの口実だったんですね。そうこうするうちに、サッカーにのめり込んでいったのですが、仕事が忙しくなっていったん離れるんです。その後仕事が変わって落ち着いてきたタイミングで、改めてベルマーレに会いに行ってみたら、以前とは変わり果てた姿になっていたんです。ベルマーレ平塚から親会社が撤退して湘南ベルマーレになって、市民の力を借りなければ存続も危ういクラブになっていてショックを受けました。その時、これはお客さんとして観に行くよりも、自分の手でクラブを支えるボランティアになった方がクラブの役に立てるかもしれないと思ったんですね。クラブの運営を支えるクラブボランティアと試合運営を支えるゲームボランティアの2種類のボランティアがあり、両方にアプローチをして、すぐ連絡をくれたゲームボランティアに入りました。そこからマラソンに進出したきっかけは、サッカーつながりの友達が「東京マラソンに出るんだ」と言い出したことです。2006年のことですね。当時は、まだ倍率も発表されていませんでしたから、申

し込めば誰でも走れるものだと思っていました。私自身は走らないので、マラソンの世界のことは全くわかりませんでしたが、もしマラソンの現場で、私がいきなり「よっ！」って友人の前に現れたら、すごくビックリするだろうなって思ったんです。せっかくだから東京マラソンのスポーツボランティアをやってみようかなと思い調べていくうちに笹川スポーツ財団に出会い、ボランティアの経験があるならボランティアリーダーとして大会に参加しませんかと言われ、講習を受け、リーダーとして第1回大会に参加しました。

自治会の先輩体育指導員から言われて……

二宮 そういうことだったんですね。では小上馬さんはいかがですか。

小上馬 スポーツ大会へのスポーツボランティアとしての関わりは東京マラソンより前の湘南オープンウォータースイミングからですが、スポーツボランティアのカテゴリーとしてはそれ以前からやっていたことになるかと思います。引っ越しを契機に地元の自治会に入ったのですが、自治会の中からスポーツ振興会の担当になってくれと頼まれたのがそもそものはじまりです。当時、地区のスポーツ推進員が中心になったスポーツ振興会で、市民運動会を行っていたんですね。先輩の体育指導員から「次はお前が体育指導員をやれ」と言われました。最初はやらされ感満載だったのですが、父親が自治会の活動にずっと携わっていたのでそういった活動に馴染みもありました。さらに子どもが小さいので地元の役に立てればいいかなという気持ちから体育指導員になりました。湘南オープンウォータースイミングは8月のお盆の週にやったのですが、気温が19℃で雨も降っていたので寒くて、実はいい思い出はなかっ

たです。それでも、何で続けていたかというと、やっぱりイベントが大好きなんですよね。今でもいろいろ自身で企画して、仲間を集めてイベントを実行したりしていますし、そういう意味ではお祭りみたいなものは好きですから、結果としてスポーツボランティアがすごく楽しいと感じているのではないかと思います。湘南オープンウォータースイミングで一緒にやっていた笹川スポーツ財団から、東京マラソンで700人のボランティアリーダーを育成する講習があるから来てみないかというお誘いがあり、そこからマラソン大会のボランティア暦がスタートしました。そのうちに自分でも走りたくなって、今は走るのとボランティアを一緒にやっているという状況です。

大荒れの第1回東京マラソン

二宮 それにしても第1回の東京マラソンはひどい天候でしたね。
谷川 あれはみんな覚えてますよね。バケツをひっくり返したような雨が降っていたのに、途中から突然晴れてみんな雨具を脱ぎ始めましたね。
飯塚 私はまさにその雨具を配っていました。スタート地点に手荷物預かりのためのトラックが並んでいたのですが、そこへスタッフの方が突然ビニールポンチョを持ってきて、「エキスポで配れなかったので、トラックで配ってください」と言われまして。
二宮 自作のゴミ袋みたいなものをかぶってる人とかいろいろいましたね。僕は38km地点にいたのですが、みんな雨具を脱ぎ捨て始めてとんでもない量のビニール袋が……。

谷川 豊洲有明の35km地点で、ボランティアをしていたのですが陽が上がってきたもんだから、合羽やポンチョを大きなビニール袋にジャンジャンまとめていきましたもんね。

小上馬 スタートのときはそんなことになるとは露知らず……。私は第1回の大会からトイレ係でした。仮設トイレが20個ほど横並びに並んでいたので、まずトイレ利用者の整列からですよね。あれ以来ずっとトイレ導線が気になります。当時、ボランティアの出欠をとって提出するのもボランティアの役割だということなど明確に伝わっていなかったですよね。それどころかランナー導線一つをとっても、整頓されていませんでしたよね。

二宮 そういう意味で考えると、今は結構マニュアル化されてちゃんとやっていますので、この人だとできないってことは別にないんですよね。変な話、誰でも、行ったら自分で状況判断してやるしかない、そういう世界でもありますよね。

小上馬 そういうのがかえって楽しくて、第1回大会っていうと割と行きたがる人がいますよね。

飯塚 あちこちの第1回大会って行きたくなりますね。

谷川 第1回大会マニアですか？

二宮 初めて聞きました（笑）。その言葉いいですね。

飯塚 結構いろんなところに行ってますね。第1回大会の"カオス"が大好きです。

競技ごとにボランティアの対象は異なってくる

飯塚 そういえば、Jリーグのボランティアの仲間ってみんな横にネッ

トワークがあるので、つながりがすごく綿密なんですよ。だからこそサッカーしか知らないボランティアの人たちにはぜひ他競技のボランティアにも接してほしいなって思っています。サッカーの場合はボランティアする対象がお客様（＝サポーターや観客）なんですよ。競技者は、ボランティアでは関わることのできない領域なんです。でもマラソンなどは、ボランティアする対象が競技者そのものなんですよね。ボランティアの対象が明らかに違うんです。Ｊリーグの中でみんながよく言うのは、私たちボランティアがお客様を気持ちよく迎えることによって、スタジアムの雰囲気を高めて、その高まった雰囲気は何になるかというと、競技者への応援になるんです。その声援がピッチに降りることによって、競技者は持っている実力以上の力を発揮して、勝利に近づくということです。そういう方程式があると私たちは思っています。もちろんそれはそれで楽しいのですが、競技そのものにもっと近くふれたらより楽しいことに違いはないですよね。なので、マラソンのように競技者そのものにふれる活動って楽しいのだということをもっと知ってもらいたいです。

大会ごとにさまざまなドラマや感動的な場面に出会える

二宮　先ほど小上馬さんからトイレの担当だったというお話がありましたが、走っている選手はそこにはあまりいないでしょうし、ちょっと寂しいというか、やや地味というか……。なので、モチベーションの保ち方というか、そういうものはどうしているのかなと。

小上馬　根っこは一緒ですよ。来た人が楽しんでくれたという結果がわかることがモチベーションになりますね。だから、ただ混雑していると

ころを整理することだけかもしれませんが、それでスムースにトイレに行けるようになり、クレームが少しでも減れば、結果としていい大会になったかなと思えますしね。小さいパーツを臨機応変な対応で変えていけるのがボランティアのいいところだと思います。反対にシステマチックになりすぎてしまうと、面白くないんですよ。

二宮　なるほど。完成されると面白くない。フリーハンドの部分が多いほどやりがいがあると。

谷川　そうですね。マラソン以外でも「あついぞ！熊谷バーニングマン・レース」というのを夏の一番暑い時期にやるのですが、熊谷にある大きな運動公園をぐるぐる回る4時間の自転車耐久レースです。われわれボランティアは2ℓのペットボトルを保冷剤の入ったバッグに一人2本ずつ入れて、各自担当のポイントに向かいます。これが結構リピーターが多いです。

飯塚　それは、面白そうですね。私も参加してみたいです。私はウルトラマラソンによく行くのですが、距離が長いものは、参加されるランナーの皆さんもそれほど神経質じゃないんですよね。エイドに立ち寄られる時も、気持ちをリフレッシュするための方も多いので、そこでおしゃべりをして、たまに順位などを教えてあげたりすると、それもまた喜ばれたりします。あと、私はフィニッシュにいることが多いんですけど、そこでドラマを見るとまたハマってしまうんですよね。

二宮　どんなドラマですか？

飯塚　企業生活をリタイアされた年代の方が100kmを走り終える直前、最後のコーナーで奥様が待っていらっしゃるんですけど、奥様の手を引いて一緒に走るのかなと思ったら、お姫様抱っこでフィニッシュされたんです。それを見てみんなでうるうるしてしまいました。

仲間との支え合い、その先に感動がある

二宮　そのお気持ちわかります。他の方はそういったドラマや感動的な

場面に遭遇したことはありますか？

小上馬 私はスタートの担当が多いのであまりないですね。場所によっても全然違います。やはりフィニッシュというのは感動があると思います。私も初めてウルトラを走った時にゴールが見えた瞬間や、第10回の東京マラソンをゴールして後ろのゴールゲートを振り返った瞬間には、わーっときましたね。

谷川 私は東京マラソンでいえばずっと豊洲有明の35〜38km地点のボランティアを行っていました。あの辺りはみんな苦しそうに走っているから「ここまで来たんだから頑張れ、頑張れ」って励ましていますが、そのかけ声に応えてくれた時は嬉しいです。あと私も、湘南オープンウォータースイミングに参加して、ゴール後、陸に上がってくる選手たちの対応をしたことがありますが、なんせ真夏の砂浜は足元が熱いんです。だから感動してる場合じゃないんですよ。そこで何しているかというと、足元や導線のところに水を撒いてやるんです。その時はつらいですが、後になって感動というか無事にやり終えたという達成感が出てきますね。

二宮 やはり感動が活動の楽しさや原動力へとつながりますよね！　でも皆さん同士の仲間の連帯感というのはどんな位置づけになりますかね。

飯塚 とても大切だと思いますね。日頃からこういったいい仲間に恵まれて、そのつながりの上に大会があってという、この2段構えで続けさせていただいている感じですね。仲間とのつながりがなかったら、まず大会に参加しようという気持ちにならないと思います。それがあって初めて大会での感動が味わえるのです。

谷川 やっぱり友達ができるっていうのは嬉しいですよね。各大会の現地で会うのも、また楽

しみですしね。

怖がることなくまずは参加してみてほしい

二宮　最後にスポーツボランティアの今後の課題や展望についてお願いします。

谷川　ボランティアという言葉の語源は「志願兵」なんです。自ら手を挙げて国を守る。そこからきているんですよ。ですから、自発的にやるというのが一番いいのですが、いかんせん、スポーツという言葉に対してとっつきにくさがある人もいるので、自然発生的に「これは素晴らしいものですよ」というふうに持っていくことが必要ですね。また、若い人にスポーツボランティアの素晴らしさをいかに教えていくかっていうのは、われわれの経験を伝える、あるいは実際に来てもらって、「楽しかったね」とリピーターになってもらうことだと思います。ありきたりな表現ですが、そういうことが大事かなと。われわれも「ありがとうございました。次はこういうのがあります」って一声かけるだけで「あ、自分のこと無視してなかったんだ」となるんですよね。要するにフォローが大事。

二宮　「私たちベテランは初心者をいっぱい受け入れて、何でもフォローしますから、何も怖がることなく全部任せてください」ということですね。谷川さんからそう言われると心強く思います。

谷川　もちろんそれは年代に関係なく言えることです。とにかく楽しい経験をしていただいて安心していただくことがリピートにつながるのだと思っています。

飯塚　今の谷川さんの話につながるんですけど、楽しかったっていう経験を持ち帰ってほしいなという思いは常にありますね。そのためには上に立つ人たちが、いかにいい環境をコーディネートするかが大事だと思います。そこをちゃんとやるから参加者は「楽しかった」と思えるのではないでしょうか。また、参加者は経験を次につなげてほしいですし、

自分の気持ちの感じたままに進んでいってほしいです。例えば足がつってしまった人がいて、「何も手伝ってあげられなかった」と思うならば、救急救命講習を受けてみるもよし、「こういうことを覚えておいたら役に立ったのに」という気持ちがあれば、どんどん学ぶべきことや自分を高めることが見つかってくるし、そういう自分の中に湧いてきた興味を広げて深めていくことで、より楽しくなっていくんじゃないかと思います。実は初めての参加から、学ぶべきことはたくさん見えてくるので、ぜひ目も心も大きく開いて、一期一会の出会いはもちろん、大会そのものを楽しんでほしいです。そして「楽しい」を次につなげてくれたらと思います。

スポーツボランティアを支える「キャスト」になろう

小上馬 全然別の切り口からなんですけど、「スポーツボランティア」って名前がよくないと思います。ボランティアって無償というイメージが先行しますよね？ すると何だか悲壮感が漂ってしまいます。だったら「キャスト」でいいじゃないですか。イベントを支える「キャスト」です。飯塚さんが言ったように自分も何かを身に付けて、楽しむって世界は本当にいいですよね。ボランティアって結局無償の稼働じゃないですか。そうとられてしまうので広がらないのだと思います。参加するキャストもいれば、支えるキャストもいれば、観るキャストもいるような感じで、同じ時間に同じ価値観を味わう人間が集まるイベントみたいな形の方が一体感がすごく湧くのかなって気はしますよね。

新しい世代のボランティア参加と体制作りが今後の課題

二宮 スポーツボランティアの世界って仲間内でのつながりが強いですよね。だから、新しく入る人があまりいないんです。これはわれわれの責任でもあるのですが。

小上馬 多分100人いないんじゃないですか？

飯塚 100人もいないですね。

二宮 そんな感じですよね。私が教えている学生の中にも、たまにボランティアとかそういう活動が好きな学生はいるんですよ。そういった学生へのアプローチをどうしたらいいかなどを含め、少し考えなくてはいけないし、難しいところではありますね。

小上馬 少し価値観が違うかもしれないですが、ボランティアには自分の普段の生活と違う世界を味わうという楽しみがあるんだと思います。

二宮 そういう日常じゃない非日常の世界をボランティアを通して経験できるっていうことが本日の重要なキーワードかもしれませんね。元をただせばスポーツとはそういう非日常の文化であって、そこに抱き合わさったスポーツボランティアというのは、本来は人間を成長させる根本で最強のはずですよね。だからそこの価値観や魅力を、いかにお伝えしていけるかっていうのがカギになると思います。

谷川 いい時期の発信じゃないですか。東京2020オリンピック・パラリンピックもありますし。

飯塚 ラグビーワールドカップもありますしね。

二宮 本日に限らず、私自身もいろんなところで伝えていかなければいけないですね。これからも皆さんと力を合わせて自分の役割を果たしたいと思います。よろしくお願いします。本日はどうもありがとうございました。

一同 ありがとうございました。

1 アダプテッドスポーツへの理解

　改めて思い返してみると、私が初めてスポーツボランティアに参加したのは、高校2年生の時であった。高校まで宮崎県延岡市で育った私は、当時、ジュニアリーダー[22]として活動していた。その活動の関わりから、宮崎、熊本、大分の3県境にある百名山の一つ祖母山（標高1,756m）で開催された、「車いす登山」にボランティアとして参加した。車いす登山とは、車いす生活を余儀なくされている身体に障がいのある方を山頂までエスコートする登山である。私に与えられた役は、仮設トイレを休憩地点まで運びセットし、利用が終了したら、次の休憩地点までいち早く移動し準備する活動内容であった。直接障がい者の方をエスコートするボランティアではなかったので、正直、ねぎらいの言葉をかけられた記憶すらない。ただ、障がいのある方を支える活動に参加し自分の役目を果たせたという満足感は、今でも心の中にある。

　ボランティアにおいて最も難しいのがボランティア活動における相手との関係性である。原田は、ボランティアをする相手との関係性について、「相手に寄りかかるのではなく、相手と支え合う関係である」と述べている[23]。しかし、障がいのある方へのボランティアは、私が経験した車いす登山でもそうであるが、「支える」活動を展開するボランティアに対して賞賛の声が集まってしまう。そのこと自体に本質的な課題はないが、「支える」「支えられる」という構図がどうしても構築されてし

---

　(22) ジュニアリーダーとは、地域の子ども会活動を支援する中高生のことをいう。多くが、自治体単位で組織化し活動している。

　(23) 原田（2005）を参照。

まうのである。このことの最大の問題は、「助けたい」気持ちが強すぎるボランティアが現場に集まり、障がい者スポーツ実践者との間で、本質的な意思疎通が図れない場合があることである。

　例えば、視覚障がいのある方がマラソンに参加する場合、伴走ボランティアをお願いする場合がある。もちろん日頃から関係性のある伴走ボランティアであれば、素直なニーズを伝えることも可能であるかもしれないが、初めての伴走ボランティアの場合、お互いにコミュニケーションがうまくいかない場合がある。コラムを執筆いただいた鈴木氏より伺った話であるが、視覚障がいのある方は「お腹が痛い」とか「体調が悪い」などの言葉を使って、伴走ボランティアに気を遣いながら、スピードのコントロール等を行っているそうである。「支える」「支えられる」という構図がお互いに強すぎた場合、心地よいスポーツ実践に支障をきたす場合もあることを理解しなければならない。また、障がいのある方がスポーツを実践する前後では、生活全般に関わるさまざまなサポートも必要となる。ここでは、障がい者スポーツを支えるボランティアについて、さまざまな角度から考えてみたい。

現状の理解 ー障がい者スポーツの実施率からー

　東京 2020 パラリンピックを前にして、障がい者スポーツへの注目度は確実に高まっている。特に、障がい者アスリートを特集したテレビ番組は確実に増えた。しかし、障がい者におけるスポーツ実施率をみると、その低さが際立つ。文部科学省の「地域における障害者のスポーツ・レクリエーション活動に関する調査研究報告書」（平成 25 年度）では、過去 1 年間にスポーツ・レクリエーションを行った日数について、7 ～ 19 歳では、「週に 3 日以上」が 10.0%、「週に 1 ～ 2 日」が 20.7% と、週 1 日以上の実施者が 3 割しかいない。また、「行っていない」も 38.6% となっている。成人では、「週に 3 日以上」と「週に 1 ～ 2 日」を合わせた週 1 日以上の実施者が 2 割に満たない。また「行っていない」がおよ

そ6割となっている。同じく文部科学省の、健常者を対象とした「体力・スポーツに関する世論調査」（平成25年1月）では、週1日以上の実施者は47.5%とほぼ半数となっていることと比較すると、障がいを有した方のスポーツ実施率は極めて深刻な状況にある。

　さらに、パラリンピックの種目を含めて、障がい者スポーツの種目は数多く存在しているが、その認知度は決して高いとは言えない。障がい者スポーツには、障がいの種類や程度に応じて、実にさまざまな種目があり、それに対応してスペシャルオリンピックスやデフリンピック等さまざまな大会もある。まずは、障がい者スポーツの全容について学んでみることが大切である。さらに、障がいのある人が、安心してスポーツに取り組むためには、一緒にプレーをしたり、日常の生活をサポートしたり、専用の機器や義足のサポートなど、実にさまざまな支援が必要である。スポーツボランティアの力でこうした課題のすべてを解決することは難しいが、障がい者スポーツの普及に携わる指導員や競技運営、日頃のスポーツ活動を支援するスポーツボランティアの役割は非常に大きい。

アダプテッドな環境をつくりだす力
　ー大分国際車いすマラソン大会の誕生ー

> 　「最初、ボランティアは通訳の3人だけでした。それがいまは2千人。『幼稚園のころに見た車椅子選手のサポートをしたい。』って応募してくる若い世代も多いですよ。」
> 　　　　　　　　　（2015年大分国際車いすマラソン大会参加者より）

　これは、「大分国際車いすマラソン大会」で通訳ボランティアをしている方のコメントである。大分国際車いすマラソン大会は、1981年に世界初の車いす単独の国際マラソン大会としてスタートした大会であり、これまで35回開催されてきた歴史ある大会である。しかしその道

のりは、決して平坦なものではなかった。

　大分には 1952 年から開催されている「別府大分毎日マラソン大会」(通称、別大マラソン) がある。国際大会への選考レースとなっているこの大会は、テレビでもその様子が生中継されるなど、国内のマラソン大会でも有数の大会である。当初は、この別大マラソンに車いすの部を併設できないか検討がなされた。しかし、それが実現することは難しく、現在の大分国際車いすマラソン大会が誕生したわけである。まさに、障がい者のスポーツニーズを工夫して形に変えた素晴らしい事例である[24]。

　健常者の日常的な感覚がスポーツ環境を構成する基本となる時、そこに障がい者スポーツをパラレルに置くことは実際には非常に難しい。そうした中、障がい者スポーツ研究に詳しい藤田紀昭氏は、自分で、自分たちが参加できるスポーツを作って、それを楽しむ重要性を「創るスポーツ」という視点から提案している。具体的には、アダプテッドスポーツ(個々の状況に適応させたスポーツ) として、「スポーツをその人にどう合わせていくか、ルールをどう変えていくか、ルールと技術と用具をどのように合わせていくか」ということである[25]。

　障がい者スポーツを支えるボランティアにまず必要な視点は、このアダプテッドスポーツの概念である。障がい者スポーツは、パラリンピックの台頭とともに、世界中で注目されるようになった。しかし、実際にはその脚光を浴びているのは一部の選手であり、スポーツを実践している障がい者にとって、スポーツ参加への障壁がなくなったわけでは決してない。さまざまな障がいを持つスポーツ実践者が、障壁なくスポーツ実践ができるためには、ボランティアによるさまざまなサポートが必要不可欠である。そのサポートは、単にニーズに応えるだけのものではな

---

(24) http://www.kurumaisu-marathon.com/contents/history/history002.html (最終アクセス日：2016年11月10日)

(25) 藤田紀昭・齊藤まゆみ・清水諭・友添秀則 (2013) を参照。

1　アダプテッドスポーツへの理解　　97

く、時には、環境そのものの創出が求められている場合もある。

　先に紹介した大分国際車いすマラソン大会では、自衛隊も活動に加わっている。車いすマラソンでは、大会に使用する競技用車いすと普段の生活に使用する生活用車いすの2つが必要になる。この大会は、スタートとゴールの場所が異なるため、ゴール地点に生活用車いすを運んでおく必要がある。この時、自衛隊の輸送力が大きな力となっている。こうして必要な環境を多くの人材の協力によって構築することも、障がい者スポーツイベントを成功させるためには欠かせないことである。

ニーズはどこにあるのか？

> 「先生、私東京オリパラでボランティアをやりたいんです。私、車いす生活ですから、この辺の使いやすいトイレとかわかるんです。きっと役に立てると思います。」
>
> （東京でのスポーツボランティア講座受講生）

　車いす生活を送る生活者のニーズを理解し、それに応えられる要素はどこにあるだろうか。確かに、健常な方は障がいのある方よりも日常生活における障壁は少ないかもしれない。それが、健常な方が障がいのある方を支えるというモデルを構築しているわけであるが、例えば、盲人の方をガイドするにしても、最初の話しかけ方、エスコートの仕方にはさまざまな工夫が必要である。横断歩道の反対側に案内してほしいというニーズを自ら感じ取れるか、不審に思われないように話しかけることができるか、安全な方法でエスコートできるか、そして最も大切なことは、視覚に障がいのある方がエスコートされる際に不安を抱かないようにできるかである。もちろん、日頃からこうした活動を行っている人は、それなりにコツを掴んでいるかもしれない。しかし、当事者の生活視点に立たなければ、なかなか真のニーズは掴み取れない。

東京都は2020年に向けて、「障害のある人とない人が二人一組で、海外から訪れる障害者を迎える仕組みをつくる意向」を示し、その具体的な方法について検討しているようである[26]。互いの生活者がそれぞれの視点を共有し、どのようなサポートが望ましいのかを、さまざまな状況を想定しながら学習することは、非常に望ましい取り組みである。もう少し積極的な視点としては、障がいのある方でボランティア意向のある方を積極的に採用し、実質的なサポートが展開されることを期待する。

　また、障がい者スポーツを取り巻く状況として言われていることが「ボランティアそのものが足りない」ということである。皆さんは、パラリンピックの種目の一つである「パワーリフティング」という競技をご存知であろうか。試合等では、ベンチ台を組み立てたり、プレートと呼ばれる重りを運んだりすることが必要になる。プレートは重いものだと1枚25kgにもなる。選手は障がいがあるためにその準備をすることが難しい状況にある。よって、ボランティアの力が必要になるわけだ。また、パラリンピックを特集した番組では、次のようなニーズも示されていた。

> 「スタッフはすべて本業を持つボランティアです。人数が足りないだけでなく高齢化も進んでいます。的の設置で畳を運んだり、矢を回収してくれるボランティアを必要としています。」
>
> （日本身体障害者アーチェリー連盟のコメント）

　障がい者スポーツを支えるスポーツボランティアというと、専門的な知識やスキルが必要だと思われがちであるが、何も特別なスキルを持ったボランティアだけが必要とされているわけではないのである。今あるスキルでも十分にニーズに応えられる活動もたくさんある。大切なこと

---

(26) http://www.tokyo-np.co.jp/article/politics/list/201512/CK2015123002000128.html
（最終アクセス日：2016年10月30日）

は、ニーズを汲み取る力である。

　ここでは、最後にあえて逆の事例を紹介したい。大阪で開催されている「大阪ウルトラマラニック」では、ボランティアの人たちがマッサージを提供してくれている。その提供団体の一つが、視覚障がい者マラソン練習会「長居わーわーず」である。視覚に障がいを持つ人には、鍼灸師やマッサージ師として専門的知識を有する人が多い。こうした人が、日頃の伴走に対するお礼を込めて行っているそうである。なんと午前中の自分たちの練習会終了後、早朝スタートした選手がフィニッシュするのを待ち構えてマッサージをしているそうだ。まさに、障がいの有無ではなく、スポーツにおけるニーズを感じ実行する力が、スポーツボランティアの大きな原動力となっていることがわかる。障がい者を支えられる側としてだけ認識するのは疑問である。「支える」とか「支えられる」とかではない、「支え合い」の関係でスポーツは成り立っている。

水都大阪にマッサージボランティアで参加！

2016年4月24日に
「第8回水都大阪100kmウルトラマラニック」が開催されました。
私たち長居わーわーずもマッサージボランティアとして協力させていただきました。

各地の大会に参加した際、マッサージブースがあって、選手がマッサージを受けてはりました。
私たちも自分たちにできるマッサージで大会ボランティアとして、協力できないかとずっと考えていました。
2009年に大阪で初めて100キロの大会
「水都大阪100kmウルトラマラニック」が開催されることになって、
主催者の方へお話したところ、快く私たちの思いを承諾していただきました。
第1回からゴール地点にマッサージブースを設けていただいて、わーわーずのマッサージの有資格者が参加者の方へマッサージをさせていただいて、この大会へ長居わーわーずとして協力させていただいています。

最初は不慣れな面もあって、準備もままならなかったりして、お天気によっていろんな状況になって、スムーズに行かなかったこともありました。
回を重ねていって、いろんな状況にも少しずつ対応できるようにもなってきました。
毎年いろんなことがありましたが、今年は、13時過ぎから会場の設営にかかりましたが、70キロの完走者が早々にマッサージを希望され椅子で待機されるようになりましたので、13時30分より開始しました。
マッサージスペースは5席用意しましたが、マッサージ担当者がたくさんいたことと、スペースに余裕があったこともあり、14時30分より6席で対応いたしました。
マッサージ希望者は殆ど途絶えることなく、6人から7人の方が順番待ちで並ばれることもしばしばありました。
長く並ばれた方でも、マッサージ終了後には笑顔で感謝の言葉を述べていただきました。ゴール制限時間の20時30分過ぎにはマッサージも終了しましたが、マッサージ開始から終了までの7時間で、マッサージ担当者11名で、およそ136名のランナーにマッサージを行いました。
内訳は男性96名、女性40名でした。

これからも年に1度ではありますが、大会が続く限り自分たちにできることで協力していけたらなーと思っています。

出所：視覚障害者マラソン練習会「長居わーわーず」ホームページより

スポーツの環境をつくる　ー「ゆるスポーツ」という発想ー

　アダプテッドスポーツの具体的な取り組みとして、レクリエーション性の高い「ニュー・スポーツ」や、時間をかけてゆっくり楽しもうとする「スロー・スポーツ」などが考えられる。先にも述べたが、アダプテッドスポーツの基本的な考え方は、ルールや用具等を一人一人の状況に適応させる考え方を用いることだ。例えば、「タグラグビー」と基本的には同じルールながら、走ることを一切禁じた「ウォーキングタグラグビー」は、男女が一緒にプレーでき、幅広い世代で楽しむことを可能としている。

　こうした発想をさらに押し進めたのが、「ゆるスポーツ」という取り組みである。2015年4月10日に発足した「世界ゆるスポーツ協会」のホームページには、「スポーツ弱者を、世界からなくす。」というスローガンが書かれている。また、このサイトには「手錠バレー」や「ハンドソープボール」等、さまざまなゆるスポーツ種目が紹介されている。ルールによって全員が平等にできない状態をつくりだすことにより、相手の立場を思いやる気持ちの醸成も期待されている。種目によっては、障がい者の意見等を参考に考案された種目もあるそうである。

　スポーツ環境をデザインすることで、スポーツ実践が可能になる人もたくさんいる。普段のスポーツ実践の場面における、スポーツ環境の考案や構築は、素晴らしいスポーツボランティアの活動内容の一つである。トップスポーツの世界のみならず、常に新しいスポーツの動きに目を配りながら、スポーツ環境について幅広く考える力が、スポーツボランティアにも必要である。

障がい者スポーツボランティアの育成

　各自治体の「障害者スポーツセンター」等において、障がい者スポーツボランティアの育成事業が行われている。内容は多岐に及ぶが、障が

1　アダプテッドスポーツへの理解　　101

いのある人と一緒にスポーツを楽しむことやイベント補助等が中心となっている。また、視覚障がい者の伴走のように、専門的な技術を習得するボランティア講習会もある。これは、協会やNPO、各種団体が実施している場合が多い。さらに、「総合型地域スポーツクラブ」における講習等も開催されている。こうした各講習への参加から、実際のスポーツボランティア活動へと展開される場合も多いだろう。

伴走教室に参加する大学生

　障がい者スポーツのボランティアは、決して、ハードルが高いわけではない。私たちが、今まさに実践しているスポーツから広がる場合も少なくない。皆さんと同じ体育館やプール、グラウンド等の施設を使って、練習している障がい者の方は多いはずだ。そうした人たちとの何気ないコミュニケーションからボランティアにつながる場合もある。

　大学が担う役割も大きい。早稲田大学競技スポーツセンターが進める早稲田アスリートプログラム（WAP）では、ボランティア・地域貢献活動プログラムの一環として2014年より「伴走ボランティア」に延べ300人程の学生が参加している。参加した学生の中には、「障がいのある方と健常者との間に壁を作っていたのは自分自身だった」とコメントする学生もいるそうである。また、立命館大学のホームページには、「伴走者として世界の舞台へ」という特集が組まれ、Hさんという学生が紹介されている[27]。Hさんは、第65回別府大分毎日マラソン大会で、リオ代表の推薦順位2位を決めた、近藤寛子選手の伴走を務めた。障がい者の日常的なスポーツ実践から、障がい者アスリートの支援まで、大学スポーツ教育との連続性からの展開にも期待されるところが大きい。

（27）http://www.ritsumei.ac.jp/bb/episodes/no_041.html/（最終アクセス日：2016年10月30日）

column　伴走ボランティアの世界

鈴木 邦雄

伴走ボランティアとは

　近年障がい者スポーツに関する報道が多くなってきました。その中でも伴走が取り上げられる機会が多いようです。伴走を必要とする人には視覚障がい者以外にも発達障害（知的・自閉など）がありますが、ここでは視覚障がい者が歩く・走る時に一緒に行動する伴走者についてご紹介します。

　視覚障がい者と言っても全盲（明るさも判らない方）から単独で走ることのできる人までさまざまですが、単独で走れると言っても視覚障がいがあるために非常に見えにくく、視野の狭い人などが苦労して走っています。その人たちと一緒に歩く・走ることを伴走と言います。

2008年1月13日（日）長崎県佐世保市：第58回小柳賞佐世保シティロードレースでの伴走

どのような人が走りたいと思っているのか

　動機は晴眼者（視覚障がいのない人）と大きな差はないと思われます。
　しかし視覚障がいがあるために自由に走ることが難しいのです。ガイドヘルパーさんとともに歩くことはありますが、その場合は用事がありサポートしてもらいながら歩くだけでスポーツとは言えない状況です。また単独で歩く場合も白杖を頼りに障害物を探りながら歩いているの

1　アダプテッドスポーツへの理解　　103

で、これもスポーツからは遠い現状です。

　そのために肥満解消、糖尿病で運動を薦められた、体力の維持などを目的に走りたいと思っている視覚障がい者の方が多いと言われています。（資料１）

伴走ボランティアは不足していると言われるが

　報道などでも伴走者が不足していると言われ続けていますが、首都圏の練習会などでは一見して伴走者は充実しているように見えます。しかし本当に伴走者が必要なのは日常の練習などで、仕事が終わり帰宅してから走りたい、このような時に伴走者がいないことが課題といえます。

　東京 2020 オリンピック・パラリンピックに向けてメディアでも障がい者スポーツが取り上げられていますが、トップクラスのアスリートにとっても伴走者不足は深刻な問題です。

　日常の練習こそが競技での結果に反映されます。アスリートと言え日常の練習はジョギングなどを行います。走りたくても走れない人に手を差し伸べてくださる伴走ボランティアさんを必要としています。

伴走者として協力したいと思われたあなたに

　伴走者に求められることは安全が第一です。視覚障がい者ランナーの8割が事故などを経験していると言われます。（資料2）

　走る時に一歩が安心して着地できない、そのために足を保持する前側の筋肉が発達するとも言われます。安心して一歩を踏み出してもらえるような伴走者が求められていると言っても過言ではないでしょう。

　伴走ロープを使うため単独で走る時とはフォームが変わってしまいます。そのため走りやすさや快適さも伴走者により影響されます。さらに走りやすさが左右されるだけでなく、場合によっては故障にもつながることになります。

伴走者はどんなことに注意したらよいのか

(1) 安全のためには
　①コースの状況などを先読みし、危険予知につとめてください
　②路面の凹凸・段差・坂道など必ず出っ張り（上る）／へこみ（下り）
　　を伝えます
　③前記のような場面が変わる個所の始まりと終わりを伝えます
　④危険個所だけでなく安全であることも伝えます
　⑤言葉を切らさないでください（視覚障がい者ランナーからは無言は
　　恐怖だと言われます）

(2) 走りやすさのために注意すること
　①自然に手を振ってもらうために二人三脚が基本です
　②手だけ相手に合わせると体の上下動に差ができるため、走りにくさ
　　につながります
　③身長差がある場合などはロープを持つ手の上下位置にも気を使いま
　　しょう

　何よりも大切なのは、希望を言ってもらえる伴走者であることです。
　伴走してもらっているから、なかなか希望を言えない。このような視覚障がい者ランナーの気持ちにどう接するかを考えるのが伴走者の基本です。
　走る機会が少ないのだから「少しぐらい走りにくくても我慢して走れ！」と思うか、「少ない機会を少しでも気持ちよく走ってもらいたい！」と思うかでしょう。
　もちろん私を含めて対応できる範囲は限られますが、伴走者の気持ちは視覚障がい者ランナーに必ず伝わります。
　気持ちよく走れて、ランニングハイになれるような伴走者を目指していただきたいと思います。

1　アダプテッドスポーツへの理解　　105

資料
1：鈴木邦雄・2010 年・第 7 回 日本スポーツボランティア学会大会
視覚障がい者ランナーと伴走者の現状分析（その 7）
伴走・伴歩に出会ったその動機・きっかけ
2：鈴木邦雄・2005 年・第 2 回 日本スポーツボランティア学会大会
視覚障がい者ランナーと伴走者の現状分析（その 2）
視覚障がい者ランナーの事故実態調査

鈴木 邦雄　Suzuki Kunio
認定 NPO 法人日本盲人マラソン協会（JBMA）常務理事

1945 年 10 月生まれ。認定 NPO 法人日本盲人マラソン協会（JBMA）常務理事の他に、NPO 法人日本スポーツボランティア・アソシエーション（NSVA）理事、日本スポーツボランティア学会副会長、宇佐美マラソン・スポーツ研究室主任研究員も務める。1984 年より視覚障がいのある方の伴走を始め、現在まで 30 年以上伴走活動に取り組む。直接伴走するだけでなく、伴走を必要としている方の情報交換の場として『メーリングリスト伴走（banso）』を 1998 年より開設するなど、インターネットを通じての伴走の普及にも努めている。また、伴走教室もこれまでに全国で 200 回以上開催（2016 年 1 月現在）。視覚障がい者ランナーを対象や主体にした数々の大会運営に継続して関わる。アールビーズスポーツ財団『第 24 回ランナーズ賞』受賞（2011 年）。その他、数多くのメディアに取り上げられる。ホームページ『伴走どっとコム』主催　http://www.banso.com/

2 支えるスポーツのリアリティ
ー立山登山マラニックのフィールドワークからー

　月に一度開催しているスポーツボランティア研究会のメンバーで、先のコラムを執筆いただいた鈴木氏から、とても興味深いマラソン大会があることを聞いた。何でも、スタートが海岸（海抜0m）でゴールが山頂（3,003m）ということである。最初聞いた時には「本当にそんな大会あるのか？」と疑念を捨て切れなかった。しかし鈴木氏からは、これまでにも全長250kmで競われる「山口100萩往還マラニック大会」の話も聞いたことがあったので、すごい大会があるもんだなと改めて感心をしていた。この大会が2013年を持って終了することを聞いた。一度この目で大会を見てみたいと思っていたので、非常に残念だった。なぜなら、この大会そのものがボランティアを中心に運営されている話を聞いていたからだ。だが、研究会時に、大会が中止になったと聞いた。前日の豪雨がその原因だそうだ。最後の大会が中止になったことを聞いて、非常に残念な思いがした。

　2014年に入り、中止になった大会が前年度応募していたメンバーのみで開催されることを聞いた。また、鈴木氏が視覚障がいのあるWさんの伴走として参加するとの情報を得た。私は「ぜひ現地調査をしたい」との想いを伝え、大会実行委員長のMさんを紹介してもらった。電話で調査依頼をしたところ、Mさんは快く受け入れてくださったので、私は2014年6月27日に富山へと向かった。

　この章では、「立山登山マラニック」のフィールドワークの様子を記述し、「支える」スポーツのリアリティに迫りたい。

立山登山マラニックとは

　この大会は、富山湾の海抜 0m から北アルプス立山・雄山山頂 3,003m（全長距離は 65km、制限時間は 11 時間）を目指す、とてつもなく過酷な大会である。ちなみに、マラニックとは、マラソンとピクニックを合わせた造語である。景色と、走ることの両方を楽しんでほしいとの気持ちからこのように名付けられたそうである。

　この大会は、行政や企業が関与しない手作りの大会である。大会実行委員長の M さんがウォーキング教室を実施し、その時に海抜 0m から雄山山頂 3,003m を 6 日に分けて歩いたことがきっかけだそうだ。マラニックの構想はそこから始まり、「1 日で登れることは冒険でもあり、チャレンジでもある。自分がやれなくてもやる人がいる、舞台を設定してあげたい。」との想いから、M さんが 49 歳の 1998 年にマラニックを創り上げた。

　ボランティアは他のマラソン大会のように大々的に募集を行っていない。にもかわからず、ランニング仲間のつながりで年々増加し、ボランティアの 9 割がリピーターとなっている。私が調査させていただいた 2014 年大会は、実行委員、ボランティア合わせて 250 人で運営された。この時の参加選手の数が 180 人程度であったので、選手よりもボランティアの方が多い。これは全国でも大変珍しい現象というしかない。

　私がインタビューした女性ボランティアは「ボランティアやめられないですねー。元気と感動をもらうんで」と笑顔で話していた。また、移動中にバスで隣の席になった女性ボランティアは、「旦那が走っているんです。私はそれでボランティアしようかと」と話してくれた。ボランティア動機はさまざまであるが、みんな自分なりの関わり方を持っているようである。

　この立山登山マラニックの特徴の一つが、ゼッケンが第 1 回から通し番号になっていることである。よって、自分に与えられたゼッケン番号が二度と使われることはない。

立山雄山（標高3,003m）の3003番が、参加者の延べ人数として実行委員の大きな目標とされてきたそうである。

大会を支えるボランティアの活動

選手は北海道から九州まで全国各地から集まってくるため、前泊することが多い。私は、富山駅近くのビジネスホテルに前泊した。前日は午後10時に就寝し午前1時に起床。午前2時にホテル近くのバス乗り場へ移動し、そこから専用のバスに乗り、午前3時頃にはスタート地点の浜黒崎海岸に到着した。現地では、深夜にもかかわらずすでにボランティアが準備を始めており、暗闇を照らす篝火も焚かれていた。

バス乗場の様子（午前2時）

この時、私は目を疑う光景に出会った。それは、ゼッケンをつけた選手が、ボランティアに混ざって荷物の搬入を行っているのである。とてもこれから過酷な大会に参加する選手とは思えない。普通は、選手は荷物を預けた時点で、スタート準備に入る。この大会が、いかにみんなに愛されている大会かが伝わってくる。私も、その光景につられて、荷物運びを手伝った。

荷物の搬入を手伝う出場選手

選手はスタート前にある儀式を行う。それは、砂浜で海水にタッチすることである。スタート地点が海抜0mであることを自分で確認するのである。立山登山マラニックは、マラニックの部と

2　支えるスポーツのリアリティ　　109

ウォークの部の2つに分かれている。マラニックの部は、浜黒崎海岸をスタートし立山雄山山頂を目指す65km、ウォークの部は立山駅をスタートし立山雄山山頂までの30kmである。

スタートは午前4時。「海抜0mから3,003mの雄山頂上まで行くぞー」という大会実行委員長のMさんのかけ声とともに、マラニックの部はスタートする。スタートは他のマラソン等とは異なり、競争的なものではない。かけ声をあげたMさんが先導する形で一斉にスタートする[28]。

スタート前に挨拶をする実行委員長

スタートから山頂までの設けられたエイドは5か所、その他に給水所やチェックポイントがある。スタートから10km地点の大日橋給水所には、まだ薄暗い中、すでにボランティアが給水の準備を終え、選手を待ち構えている。驚いたのは、ボランティアの格好である。いわゆるスタッフジャンパーなどを着ている人は少なく、観客なのかボランティアなのかが見た目では区別がつかない。そこにいるみんなが、紙コップを持ち選手に渡している。

第1エイドの準備をするボランティア

第1エイドの雄山神社では、ボランティアが机等の準備後、ドリンクとともにおにぎりやパン、バナナや柑橘系の果物などの準備をしている。ようやく周りが明るくなって気がついたのだが、ボランティアは首にバンダナを巻いてい

---

(28) 取材した大会では、気象条件の関係からゴールが室堂（2450m）へと変更されていたため、M実行委員長のかけ声も変更されていた。

る。でも巻いていない人もお手伝いをしている。やはり、ボランティアかどうかの区別はつかない。

午前6時には、途中の立山駅からウォークの部がスタートする。雄山山頂まで30kmを歩く部門である。この立山駅近くの踏切を過ぎたところに第2エイド（38.3km地点）がある。このエイドにもボ

第2エイドの様子

ランティアにより、水分や食料が準備されている。また、駅が近いこともあり、応援する観客も多い。

第3エイド（45.3km地点）は標高1,000mの「称名（しょうみょう）」にある。すでにフルマランの距離を超えた地点にあるこのエイドでは、つらい場面にも遭遇する。なぜならこのエイドは関門の一つとなっており、通過制限時間が午前10時30分に設定されているからである。10時30分を過ぎ、複雑な表情でこのエイドまで走ってくる選手もたくさんいる。しかし、そんな時でも、ボランティアは笑顔で迎え「おつかれさま、ゆっくり休んでって」と声をかけている。この第3エイドにはランナーが喜ぶ名物のソーメンがある。ランナーによっては一人で3杯食べる人もいるようである。ボランティアが仮設のガスコンロを用いて、その場で茹でてい

エイドに並べられた給食

る。こうした手作りのもてなしは、ランナーにとって非常に嬉しいサポートである。

第3エイドを過ぎると、選手は「八郎坂」という最も過酷な急登の山道に入る。630mの標高差を一気に駆け上がるこの難所で、多くのランナーが極度の疲労に襲われる。この坂を登り終えると、「弘

2 支えるスポーツのリアリティ 111

法」のチェックポイント（標高 1,580m、スタートから 48.8km）がある。ここには、抹茶を入れてくれるボランティアがおり、羊羹までもが用意されている。ちなみに、次の「弥陀ヶ原」にある第 4 エイド（標高 1,865m、スタートから 52.8km）には、キュウリが用意されている。

　こうして各エイドのもてなしを書いてくると、次のエイドには何が用意されているのかといった、楽しい想像すら覚える。しかし、各エイドの最も素晴らしいおもてなしは、選手を名前で応援するということである。ボランティアが選手リストからゼッケンと選手氏名を突合して、「○○さーん、頑張って～」と名前を呼んで応援する。選手の力がぐっと湧いてくる瞬間である。こうした応援の仕方を徹底しているのも、この大会の特徴である。

　「弘法」から「追分」の木道区間を終え、最後の第 5 エイドは「室堂」。標高 2,450m、スタートから 60.8km 地点にある。今回は気象条件の関係から、ここがゴールとなった。私は、実行委員長の M さんに同行し、各エイドを経由しながら、ゴール地点の室堂に入った。到着するとすぐに、まずはエイド用のテントを張る準備をする。次に、選手の荷物をゼッケン番号通りにブルーシートに並べる。他のボランティアは、この室堂エイドの名物であるおかゆ等の給食の準備をしている。

おかゆの準備

荷物の整理

準備を終えて間もなくすると、トップの選手がやってきた。ゼッケン番号を確認し「〇〇さーん、ラストガンバー」とボランティアから声援が飛ぶ。先にも書いたが、このマラニックは選手を名前で応援するのだ。今回は、例年の8月開催と異なり6月末開催ということで、雄山山頂付近の残雪との関係からゴールが室堂へと変更されている。よって今回に限り、ここから先は時間と体力に余裕のある人が、自己責任で一登山者として山頂を目指すことになった。早めにゴールしたランナーたちは、おかゆを食べ、登山スタイルにウェア、シューズを変更し、一登山者として雄山山頂を目指し再スタートしていった。

　この室堂エイドから先は、事実上の登山道になる。通常であれば、マラニック参加者はランニングウェアのまま、山頂まで一気に駆け上がる。途中の一ノ越を越え、その先がいよいよ3,003mの雄山山頂となる。山頂にはちゃんと小さなゴールテープが用意され、ボランティアがしっかりと待ち構えている。もちろん最後まで名前で応援してもらえる。こうした、海抜0mから3,003mを駆け上がる類を見ない大会のコンセプトと、ボランティア中心の温もりのある運営が、まさに立山登山マラニックの魅力だと感じた。

室堂ゴール

ゴールテープ

選手を直接支えるボランティア

　ウォーキングの部には視覚障害のあるWさん（女性）と、伴走（歩）者の鈴木氏（男性）、生活サポートを行うTさん（女性）が参加した。私はWさんを支える2人のボランティアにも密着させていただいた。

　先にも述べたが、スポーツボランティアにはさまざまな種類がある。その中でも、伴走（歩）のように、選手を直接支えるボランティアもある。また、Wさんが女性ということもあり、今回のような宿泊を伴う行程の場合は、Tさんのような生活全般を支えるボランティアの役割も大きい。ただし、ボランティアであるということは、ボランティア自身も大会への参加（スポーツ実践）を楽しみ、行程を楽しみ、感動を一緒に共有できるから参加しているのであり、いわゆる有償の福祉系サービスとは全く別物であることには注意を払いたい。ちなみにTさんは、Wさんのトイレや入浴などのサポートを行うが、それとともにウォーキング部門にも選手としてエントリーしている。

　前日に合流した私たちは、前泊しているホテル近くの中華料理屋で夕食をとった。そこで私は心の中にひっかかっていた質問を直接Wさんに投げかけた。「Wさん、明日のコースは結構過酷みたいですけど、怖くはないんですか。」Wさんは、「怖くないですよ。鈴木さんがいますから。」と笑顔で答えてくれる。実は、Wさんは3年連続の参加らしい。天候の関係もあり、まだ一度も雄山山頂にゴールしたことはないそうである。鈴木氏は、Wさんがフルマラソンをチャレンジする際も、伴走者としてサポートを行っている。こうした伴走の積み重ねがさらに信頼関係を厚くし、不安要素を軽減させているのかもしれない。

　深夜の午前3時にホテル近くからバスに乗り、スタート地点の浜黒崎海岸に向かう。到着するとWさんは、Tさんと一緒に、砂浜で海水を触る儀式をやっている。私と鈴木氏はすかさずその様子を写真に収める。次は、マラニックスタート地点での記念撮影。Wさんはウォーキングの部に出場なので、後にバスでウォーキングの出発地点の立山駅まで移

動した。

　鈴木氏は、さらに当日の天候やコースの状況、何とか山頂を目指したいというWさんの意向を考慮し、さらに先の地点までバスで移動しそこからスタートすることにした。鈴木氏の無理をしない判断は、Wさんに合わせることで、スポーツの楽しさを享受できる状況を作り出した、アダプテッドスポーツの思想そのものである。

スタート地点での記念撮影

　「弘法」から「追分」は木道になる。木道を伴歩することは、その道幅から非常に難しい。途中から大会ボランティアのFさんもフォローに加わり、怪我のないようにWさんをガイドする。木道をクリアしたWさんは、立山黒部アルペンルートの名物である雪の大谷の間を鈴木氏、Fさんとともに歩く。途中で立ち止まり、雪に触りながらその感触を確かめている。鈴木氏はWさんのカメラでWさんと雪壁を撮影している。Wさんのカメラは写真に数秒間の音を追加した「音声付き写真」が撮影できるため、Wさんは日頃から撮った写真をFacebook等で公開している。鈴木氏は、ただ伴歩者としてのサポートだけでなく、このウォーキング全体を楽しむことを前提においたサポートをしていることがわかる。

Wさんのゴールの様子

　その後もWさんと鈴木氏はテンポよく歩き続け、余裕を持って室堂のゴール地点にやってきた。鈴木氏が「Wさん、まだ時間があるけど雄山山頂行ってみる？」と声をかけている。Wさんもすかさず「行きたーい」と答える。室堂から雄山山頂までのルート

2　支えるスポーツのリアリティ　　115

は、ほとんどが雪道である。スリップの危険性もあるため、非常に注意が必要だ。ここからは、私もサポートメンバーに加わることとなった。

　雪道でも伴歩の基本は変わらない。相手のペースに合わせ、ロープで手をつなぎ、同じリズムで雪道を一歩一歩進んでいく。やがて、

雪道を歩くWさん

天候が雨に変わってきた。スリップの危険性が増す。また霧も濃くなってきた。鈴木氏が「Wさん、残念だけど、この辺りまでにしておこうか」と切り出す。これ以上、山頂に近づくと危険性が高いことを予測した鈴木氏が判断したわけだ。Wさんもその判断に従い、そこから来た道を下り始めることになった。雪道は、下りの方がスリップしやすい。鈴木氏は、やや歩幅を小さくするようWさんに指示し、一歩ずつリズムよく歩みを進めていく。その後も同じペースで降り、本日の宿泊場所である「雷鳥荘」に無事にたどり着いた。

　今回の立山登山マラニックにおいて、鈴木氏は、Wさんと東京駅で待ち合わせ富山駅へ、そこから立山登山マラニックの全行程、さらには、帰り路までのすべてのボランティアをこなした。障がいのある方のスポーツ実践をサポートするには、スポーツ場面のボランティアだけでなく、生活サポートのニーズからスポーツサポートへと、局面で展開するニーズへの多様な対応が必要であることがわかる。今回は、鈴木氏が男性、Wさんが女性ということもあり、生活サポートで参加したTさんの存在も非常に大きい。トイレやお風呂など、性差の壁によりサポートが難しい側面があるからだ。スポーツ支援に限らず、ボランティアができる部分だけをそれぞれサポートするだけでも、障がいのある方のスポーツ実践がさらに豊かになる可能性があることを忘れてはならない。

参加者とボランティアの交流会(雷鳥荘での完走パーティー)

　立山登山マラニックの特徴のもう一つが、宿泊先である「雷鳥荘」での完走パーティーである。参加費の中に、雷鳥荘の宿泊代が含まれているため、選手、スタッフ、ボランティアがそれぞれ宿泊する。20時頃から完走パーティーが食堂で実施される。大会実行委員長のMさんの「乾杯」の合図で、会場は大いに盛り上がる。今回は、最後の大会ということで、歴代の参加者がマイクを持ちスピーチを行った。こうした、選手とスタッフ、ボランティアが当日に一同に会し、懇親会を実施するケースは非常に珍しい。選手は、それぞれの健闘をたたえ合い、また、ボランティアへは感謝の気持ちを直接伝えている。こうした関係性の構築は、スポーツボランティアにとっての重要な要素であるレコグニション(recognition)を可能にしている。

　翌日は、室堂からバスに乗り込み、富山市内へと向かう。このバス乗り場が別れの場である。ボランティアは、ここでも最後までボランティアに徹する。ボランティアは列を作り、選手が乗ったバスを一台一台手を振りながら見送るのである。この光景には、ただただ感動した。

ボランティアによる見送り

追記:この大会は、平成26(2014)年に最終回を迎えたが、新・実行委員会が昨年平成27(2015)年大会から開催を引き継いでいる。

第 3 章
スポーツボランティアを拡げる

1 スポーツボランティアの人材育成

　この章では、人材としてのスポーツボランティアを考えてみたい。スポーツボランティアなくしては、現在のスポーツ環境が整わないことは、これまでいくつかの視点から論述してきた。また、それは、全国に共通する課題であることも指摘した。では、どのように人材を育成していけばよいのだろうか。

　私も理事を務める、特定非営利活動法人日本スポーツボランティアネットワーク（以下、JSVN）は、2012年に誕生した。まさに、点として展開する全国のスポーツボランティア活動をネットワーク化し、面としての機能を高めることを目的としている。また、スポーツボランティアを普及する活動や、資格化することにより、より質の高いスポーツボランティア人材を育成する取り組みを行っている。ここでは、JSVNで事務局を担当している但野秀信氏より、当団体が進めるスポーツボランティアの人材育成の現状についてお話を伺い、その内容をもとに構成した。

ボランティア団体の声を反映して

　JSVNの組織は、笹川スポーツ財団の支援を受けて育まれた。笹川スポーツ財団が、SSFスポーツボランティア・リーダー養成研修会を始めたのは2005年にさかのぼる。それは、生涯スポーツの振興を目的とする同財団が、ニューヨークやロンドンなどで開催されている都市型マラソンを日本でも、と計画したことによる。

　これが2年後、第1回東京マラソン（2007年）として実現するが、それはスポーツボランティアの存在なくしては実現、そして継続しな

かっただろう。諸外国の都市型マラソンをみても、こうしたイベントを展開するうえで最も重要なことは「ボランティアが関わらなければ、ホスピタリティーのあるイベントが継続しない」ということである。

第1回の東京マラソンには、約1万人のボランティアが参加した。そのうち700人は同財団が育成したボランティアリーダーである。2009年の第3回大会までは、これらボランティアの運営管理に日本財団の助成を受け同財団が運営の管理に関わった。

スポーツボランティアという言葉が認知されていない時期だったが、スポーツボランティアを文化として日本に根付かせたいとの思いが強かった。それ以降、全国各地でランニングのイベントが増え始め、主催者からスポーツボランティアに関する問い合わせも寄せられた。

2011年に、笹川スポーツ財団がスポーツボランティア団体の実態を調査すると、団体の課題は「ボランティア活動を紹介する情報が少ないこと」だった。この課題を解決するために地域の団体が集まり、ボランティア活動の場の情報提供を共有したり、スポーツボランティア育成をプログラム化する組織はできないものかと検討されるようになった。

JSVNは、2012年4月に設立し、7月には特定非営利活動（NPO）法人の認証を受け、スポーツボランティア団体のネットワーク化を目的として活動している。

研修会・講習会、多彩なイベントも

JSVNの事業は「スポーツボランティア養成事業」「コーディネート事業」「スポーツボランティア周知・啓発事業」の3つに分類することができる。

まず養成事業として、スポーツボランティアを学ぶ4つの研修会が用意されている。ステップ①となる「スポーツボランティア研修会」はスポーツボランティアの基礎を学び、活動の楽しみ方を知ること、ステップ②となる「スポーツボランティア・リーダー養成研修会」は、活動時

1　スポーツボランティアの人材育成　　121

のまとめ役となるリーダーに必要な知識や技術を学ぶこと、ステップ③となる「スポーツボランティア・上級リーダー養成研修会」は、主催者とボランティアの人たちをつなぐ役割を担えるリーダーの育成を目指す、ステップ④となる「スポーツボランティア・コーディネーター養成研修会」では、ボランティア組織の運営をサポートするための知識を会得することを目的としている。

　受講資格はスポーツボランティア研修会が中学生以上、リーダー養成研修会が高校生以上で、スポーツボランティア活動の経験がある方となっており、順番に受講するプログラムとなっている。受講料は、プログラムによって1,500円から6,000円が必要となる。

　2つ目のコーディネート事業は、「ボランティアを必要とする団体」と「ボランティアに参加したい人たち」をつなぐことを目的としている。特に、ボランティアとともにイベントなどを運営することを検討している団体に、ボランティアの受け入れ体制についてアドバイスすることや、初めての人でも入りやすい活動を紹介することにも力を入れている。

　東京マラソンを契機に、スポーツボランティアという言葉自体は社会に認知されるようになり、全国各地で開催されるスポーツイベントの成否にボランティアが一役を担う構図となっている。

　そのような中で、「ボランティア個人」と「ボランティアを必要とする団体」とのスムーズな情報交換が極めて重要になっており、スポーツボランティアの活動機会の提供やボランティア個々の資質を向上する機会がさらに求められる。

　そうした課題をより大きな枠組みで実践するのが、3つ目の事業である「周知・啓発」活動のサミットや公開講座、フォーラム、シンポジウムなどの開催である。スポーツボランティアに関わるあらゆる立場の人々が集まり、活動報告や意見交換を通して、日本でのスポーツボランティア文化の醸成を目指している。

　スポーツを「する」「観る」に加え、「支える」という視点で行うのがスポーツボランティアである。スポーツをするには、それを支える人た

ちがいなければならず、その活動も実際にスポーツをするのと同じくらい楽しいものであることを社会に広げていきたい。

ライセンスは「リーダー」以上が対象

　前項で、スポーツボランティア養成事業には、「スポーツボランティアのやりがいや楽しみ方を知る」のステップ①から、4つのプログラムがあることを記した。

　ここでは、ステップ①からステップ④まで4段階の各プログラムを受講することで、どのようなライセンスが取得できるか説明したい。

　ステップ①のスポーツボランティア研修会は「スポーツボランティアの基礎を学ぶ」を目的とし、研修会の修了者には、顔写真の入ったカード形式の修了証とオリジナルのストラップを交付する。

　ライセンスはステップ②のリーダー養成研修会から上の3段階の研修会の受講者が対象になる。リーダーは「活動時のまとめ役」にふさわしい知識や技術が必要になる。そのため受講資格として、スポーツボランティアとしての一定の活動経験が求められる。

　上級リーダー養成研修会（ステップ③）はリーダーのライセンス取得後1年以上を経過し、かつ10日以上のスポーツボランティア活動の経験を持つことが必要になる。ステップ④のコーディネーター養成研修会では、上級リーダーのライセンスを有し、正会員団体の推薦があることなどとなっている。

　いずれも受講時間は1日から2日で、レポート提出や受講態度などで評価基準を満たした人たちにライセンスを認定する。ただし有効期限は、最初の取得日の次の3月31日から2年後の同年月日まで、それ以後は3年ごとの更新になる。

　上級リーダー以上のライセンスを取得すると、研修会や講習会での講師、准講師として活躍する道も開かれる。

1　スポーツボランティアの人材育成　　123

ボランティアスキルを向上させるスキルアップ研修会

　リーダーは、集まった人たちをチームとしてまとめあげる力が重要な要素として求められる。ボランティアが一人ずつ、ばらばらに行動しても、イベントの助けになるどころか運営の妨げにもなりかねない。多様な人たちの個が尊重され、互いが同じ目標に向かって結びつくことで、初めて機能的な組織が生まれる。

　経営学者であるピーター・ドラッカーは、「リーダーとは、目標を定め、優先順位を決め、基準を定め、それを維持する者である」と述べている。これによってメンバーの信頼を獲得できる。JSVNでは随時、リーダーの技能向上などのスキルアップ研修会を開いている。

　一例として「草食動物の馬とのコミュニケーションを通じて自らの伝える力を見直すスキルアップ研修会」がある。2016年5月末、長野県茅野市で社会医療法人河北医療財団の協力で2日間開いた研修会には、5名が参加した。

　いわゆる「非言語」トレーニングで、「言葉や文字が通じない馬とのコミュニケーションを通じて、自らの伝える力を見直し、日常やボランティア活動などでの実践で活かしてもらうこと」を目的にしている。

　1日目は、まず座学で馬の草食動物としての行動習性や身体的な特性について学習した後、実際に馬場で馬と接し、挨拶の仕方や馬への指示出し、一緒に歩くなどを経験する。最後には、2チームに分かれて協力しながら指定されたコースを回り、馬を上手にひく方法を学んだ。

　2日目の乗馬体験では、人と馬、そして人同士が意思疎通を図るうえで大切な、相手を理解、尊重する気持ちの大切さについて、医療現場で実践されている「心のケアの研修」を学んだ。「受容・傾聴・共感」のノウハウについて話し役、聞き役、観察役に分かれてチェックし合い、自分自身を客観的に知るために取り組んだ。

　参加者からは、「ボランティアの人たちも、おおらかな性格の方から馬のように繊細な性格の方までさまざまで、敏感な草食動物とどううま

くコミュニケーションをとるかは、人によるチームワークづくりにも大いに役立つ」といった感想が寄せられた。

ステップ①から④までの各養成プログラムは、前述の養成プログラム委員会が骨子を定め、現在15名の講師が講義を担当している。

スキルアップ研修会は、スポーツボランティア研修会修了者であれば、参加することができ、ボランティアのスキル向上につながるプログラムを提供している。

大学で初めて、国立愛媛大学が正会員に

JSVNは2012年に設立して4年が経過した。研修会の参加人数、会員数も確実に増えてきている。2016年4月には国立愛媛大学が正会員になり、同大社会共創学部の大学生を中心に、スポーツボランティア研修会を開いた。

愛媛県では2017年に国民体育大会(国体)が開かれる。県内には、野球、サッカー、バスケットボールの3つのプロスポーツチームもあるが、スポーツボランティアについての理解は必ずしも浸透しているとはいえない。この時期に学生たちを中心に、国体の運営に携わる人たち、プロスポーツチームや企業の関係者などを加えての研修会となった。国体を翌年に控えていることもあって、活発な質疑が交わされた。

JSVNの会員制度は、正会員と賛助会員①、賛助会員②の3つのカテゴリーがある。正会員は団体と個人、賛助会員①は非営利団体と個人、賛助会員②は非営利以外の団体をそれぞれ対象にしている。年間会費は正会員の団体が2万円で、個人は1万円。賛助①は団体1万円、個人3,000円。賛助②は団体5万円である。

2016年11月15日現在の正会員は、北海道のさっぽろ健康スポーツ財団から愛媛県の愛媛大学など12団体となった。賛助①、賛助②はそれぞれ6団体、4団体となっている。

正会員の中には自治体から、千葉県館山市、東京都小平市が加わった。

1　スポーツボランティアの人材育成　　125

行政側からの正会員第一号となった館山市で16年2月に開いたスポーツボランティア研修会には、中学生から70歳代のお年寄りまで約40人が参加した。ほとんどはスポーツボランティアを経験したことがあり、さらにスキルを身に付けたいとの思いの人たちが多かった。横浜市や県内の船橋市、香取市など他の自治体からの参加者も目についた。

　主催の館山市は「2020年開催の東京オリンピック・パラリンピックでは、多くのボランティアを集めるため、大会2年前の2018年夏には募集が始まるでしょう。それまでに経験やスキルを身に付けてぜひ、参加してほしい」と呼びかけた。

　館山市では、館山若潮マラソンや館山わかしおトライアスロン大会などのイベントでボランティアが活動している。

　修了証を手にした参加者の一人は「スポーツには自発的に参加するボランティアという存在が必要であるということを改めて確認することができた。今後、ボランティアリーダーのライセンス取得を目指したい」と話していた。

東京2020大会を迎えるにあたって

　各地の講習会などの場で、東京2020オリンピック・パラリンピックでのボランティア活動に参加したいかどうかを聞くと、90％程度の人たちがイエスと答えている。しかし、実際にスポーツボランティアの経験のある人の割合は30％から50％にとどまる。男女比をみると、男性が60％を超え、中でも50歳代の男性が目立つ。最近は高校生や大学生も研修会に参加するようになり、平均年齢は確実に下がってきた。2020年を控えてボランティアの裾野が広がっているとみていいだろう。

　研修会や講習会を開いてほしい、講演をしてほしいという要望も増えている。ボランティア需要には地域によって温度差が見られ、東京など大都市圏の声が大きくなりがちである。JSVNの事務局では地方にネットワークを広げる重要性を意識し、重点地域に出向いてスポーツボラン

ティア研修会を開催する事業を 2015 年度からスタートし、福島市、広島市、京都府長岡京市で開催した。JSVN 事務局としては、地域ごとのニーズにできるだけ応えるようにしたい。

2016 年 5 月には、リオデジャネイロ 2016 オリンピック・パラリンピックでボランティアに関わる 4 名にインタビューをする公開講座を開いた。登壇者にボランティアの参加条件や登録情報、応募から大会本番までのスケジュールについて説明してもらい、質疑応答を交わした。リオでの活動を応援する位置づけで、登壇者を送り出した。

治安や病気も心配されたリオのオリンピックも幸い無事に終了し、いよいよ東京 2020 大会に向けて準備を加速しなければならない。現地で活動してきた人たちを集めて報告会を開き、今後の運営方法について参考にしたい。

東京 2020 大会や 2019 年のラグビーワールドカップに世間の関心が高まっているため、このタイミングを逃すことなくボランティアの輪を広げる活動を活発化していきたい。

スポボラ .net で情報アクセスが拡大

これまで述べたように、JSVN は企業や行政、大学などの垣根を越えたフラットな組織であり、収益をあげるための組織ではないことも留意してほしい。

ネットワーク化において、インターネットは重要なツールである。2015 年 7 月に立ち上げた「スポボラ .net」は、スポーツボランティアに関する全国初のポータルサイトで、「まなべる、みつかる」をキーワードに、誰もがスポーツボランティアに関わることができる仕組みとして期待している。

その概要を説明すると、掲載されている研修会、ボランティア募集に申し込みができる。個人のマイページ機能があり、ボランティア活動の実績を蓄積することができ、すべて無料で使用できる。

一方、イベントを開催する団体などボランティアを必要とする団体にとっては、ボランティアの募集が格段にやりやすくなった。依頼したい方のパソコンから必要情報を入力すれば、スポボラ.net にオンラインで掲載することができる。ボランティア申込者のプロフィールを見れば、どのようなボランティア経験があるのかなども把握することができる。

　スポーツボランティアに特化した他に例のないサイトであり、こうしたメリットが享受できることを広く知ってほしい。

今後のスポーツボランティア支援について

　現在のスポボラ.net の登録人数は 3,000 人だが、スポボラ.net の利用を拡大することで、東京 2020 オリンピック・パラリンピックが開催される 2020 年には最低でも 3 万人に増やしたい。そのため、ボランティアを必要とする団体とボランティアのそれぞれのニーズがうまくマッチするようシステム上も工夫を重ねていかなければならない。

　リオデジャネイロでもボランティアの活躍に期待が大きかったが、経済悪化による経費削減などで、人数も縮小された。JSVN 事務局に届いた日本人ボランティアの報告には、ある競技場には 250 人の語学ボランティアに対し、コーディネーターがわずかに 2 人だけで、要員を配置する段階で混乱が起きていたという。交通機関などの案内ボランティアは知識が十分ではなく、目的地への到着時間が遅れたというケースも少なくなかった。ポルトガル語しか話せないボランティアもかなりいて混乱の原因にもなったらしい。

　これらは他人事ではないだろう。英語力の強化が叫ばれるが、東京開催までに、語学力の問題がどこまで解消できているか。その他、改良しなければならない点は数えればきりがない。だからこそ 2020 年までの地道な取り組みが大切になるのである。

　ロンドンマラソンでは地域のボランティア団体にランナーとして優先出場枠を与え、その出場枠をチャリティとすることで団体の活動資金を

生み出している。さらに、日常のボランティア活動の貢献度によって優先出場枠の数を増やしたり減らしたりしている。こうした努力もあり、ボランティア団体の意欲がより高まり、ランナーも楽しく参加できる。ボランティア、ランナー、主催者の好循環がイベントを活気づけている。

　東京 2020 大会に向けて、スポーツボランティアを学び、何らかの形で参加したいと考える人が増えることは大いに歓迎したい。しかし、大きなイベントは一過性の活動として終わってしまう要素も含んでいる。日々の地域での活動にも楽しみを見出し、20 年以降もボランティア活動を続けていってほしい。

　東京 2020 オリンピック・パラリンピックという絶好の機会に、JSVNが目指すスポーツボランティアの形をつくりあげるつもりで取り組んでいきたい。

1　スポーツボランティアの人材育成　　129

2 スポーツボランティアの未来
－スポーツボランティア文化の醸成－

　東京 2020 オリンピック・パラリンピックを控え、改めてスポーツボランティアの注目度は高くなっているが、スポーツボランティアライフを展開する実践者にとっては、こうしたメガ・イベントはあくまでも通過点であり、それ以前以後も豊かな活動は引き続き展開される。ここでは最終章（スポーツボランティアの未来）として、これからのスポーツボランティアの発展可能性とその質の向上を目指し、いくつかの観点について記述したい。

スポーツボランティアとともに創る地域イベント

　私の故郷でもある宮崎県延岡市で開催されている「ゴールデンゲームズ in のべおか」は、陸上の競技大会である。延岡市を拠点にしている旭化成陸上部が協賛し、参加選手は日本各地からランキング上位の記録を持つ実業団選手とともに、地元の中高生も参加する。入場料が無料ということもあり、市民イベントとして多くの観戦者が集まる。

　ボランティアの観点からもこの大会は素晴らしい。大会は、市民のボランティア組織である「延岡アスリートタウンサポーターズ」が中心となり、地元大学とも連携し運営をサポートしている。また、地元の中高生（特に、陸上部）の生徒もボランティアを行う。さらに、観客を大会に引き込む戦略がとられている。トラックの周りをブリキでできたスポンサー看板で囲み、それをカラーリングされた筒状の型紙で観客が看板を叩きながら応援するスタイルがとられている。観客も、ゲームに参加する形態をとることで、競技場に一体感が生まれる。

　こうして形成された一体感は片付けの場面でも現れる。競技会終了後、

どこからともなく選手や観客がみんなで片付けをしているのである。まさに、自然発生的な感じである。特別にボランティアとかそういうものではない。また、試合に出場していない選手は、グッズ等の売り子をしている。時には写真撮影やサインにも応じる。トップアスリートも市民も同じイベントを支えている。アスリートボランティアとかイベントボランティアとかそういうカテゴリーではなく、それぞれが今できることを自然に行う、まさに状況発生的なスポーツボランティアである。陸上競技のイベントで、こうした大会は他にはないであろう。まさに、「市民とともに創るイベント」といったところであろうか。

　選手とかボランティアとか、そういった垣根のない活動が行われているイベントをもう一つ紹介したい。それは、「山口100萩往還マラニック大会」での一コマである。この大会は、江戸時代の参勤交代道として開いた道をモチーフとして、毎年ゴールデンウィークに、山口県山口市を中心に開催されている。一番距離の長いマラニックの部には、250kmの部が設定されており、その距離数からもとても過酷な大会であることがわかる。それにもかかわらず、この大会に参加した方へのヒアリングで信じられない話を聞いた。それは、最初にゴールした人が、ゴールした瞬間からレンタカーに乗ってコースを戻っていき、そのままボランティアとして活動したというのである。250km走った後にそのままボランティアとは、もはや想像をはるかに超えた働きである。

　この大会は、スポーツボランティアモデルを考えるうえでも、歴史的にとても重要な大会である。それは、当時中学校3年生が書いた「種を広げる−「完踏」をめざして−」（第50回全国小・中学校作文コンクール特選・読売新聞社賞受賞作品）に、地域で支えるスポーツイベントの様子やそこに関わったボランティア（本人）の想いが、しっかりと記述されている。以下に作品の一部を掲載させていただく。

第50回全国小・中学校作文コンクール　特選・読売新聞社賞受賞作品

　いつのまにか、石畳は、オオバコの生えた緑の道へと変わっていた。朝、少しかすみがかかっていたせいか、地面は湿っている。「オオバコが道に生えるのは、人の靴の裏に種をつけて運ばせるからなんよ。」

　私は、一緒に歩いている母に自分の知識をひけらかす。この道に関しては、私の方が母より先輩なのだ。先輩である私は、空間としてのオオバコの広がりではなく、時間としてのその草の広がりを想像してみる。「わらじを履いてこの道を通ったサムライたちの付けたオオバコが、今もこうして生えているのではないか。」と。

　そう、私は今、萩往還を歩いている。

（中略）

　初めてのエイドでは、少し年配の方たちとの出合いが多かった。一番初めに出合ったランナーは、東京都の知野見さんという男性で、おじさんと呼ばれる年齢の方だった。真夜中の十二時半ごろ、彼はトップで、忍者のようにやって来た。大坊ダムは、七十六キロ地点なのだが、七十六キロも走ってきたとは思えないほど足取りも軽く、飲んだり食べたりもそこそこに、再び闇の中へと消えていった。初めて見た、ランナーのとても元気な姿に、私は、すごいなあ、とただひたすら感動するばかりだった。実は、もっとマッチョな人が来るものと思っていたので、そのギャップに驚いた、というのもあったのだが。

　一時過ぎ、雨が降り始めた。何人かのランナーが到着した。その中には、女性トップの方がいた。大阪で小学校の先生をされている、佐田先生という方だ。私が、「すごい、女性のトップや。」と言うと、「こんな寒いのに、眠いのにごめんなあ。」と言ってくれた。少し話をして、「今、何年生？」という問いに、「六年生。」と答えると、「受験生やなあ。」という答えが。さすが大阪、小学生のうちから受験の嵐。

　こうして、少しずつランナーの方とふれあううちに、私はある一人の男性と知り合いになった。京都府の森塚さんというおじさんだ。とてもおもしろい人で、一緒に写真も撮った。そして、「ここまでリタイアせずに来れるかわからんけど、来年も来るからね。」と約束した。黄色い未知の物体に遭遇するような場所にも、こんなにすばらしい出会いがある。

　空が明るくなってきた。まだ、ちらほらとランナーはやって来る。また、多くの人が、「こんな遅くにごめんな。」とか「もう、みんなから力をもらうよ。」などと言ってくれた。だけど、私たちは逆にランナーの方々から力をもらっている。全身ずぶ濡れでやって来るランナーたち。それは雨なのか、汗なのか、みんな本当に疲れ切って、正に仙人のようだ。「もう途中で、何のために走っているのかわからなくなっ

た。」と森塚さんは言っていた。だけど、一生懸命に走り続けるランナーのみなさんの姿は、最高にかっこよく見えた。

　結局、大坊ダムエイドを通過したのは、二百十人だった。この数でも、スタート時から二十人、三十人は減っているのだ。大坊ダムの手前には、ジャリガタオという峠がある。そこを通るのがちょうど夜中だということ、道がとても複雑ということが重なり、リタイアせざるを得ないランナーもいたようだ。森塚さんによれば、道を間違えないことも、萩往還のポイントということである。やっぱり二百五十キロはきついんだと、再確認、というか、ランナーの皆さんのすごさをもう一度思い知らされた。

（中略）

　我が大坊エイドでは、一年目の経験を生かし、二年目からは、何か温かいものをということで、近所の豆腐屋さんの豆腐を使った豆腐汁を作ることにした。特大鍋を商工会から借りてきたり、中学生ボランティアがやってきたりと、一年目より活気あるエイドとなった。森塚さんや佐田先生にも再会した。知野見さんはこの年もトップだった。そして、私はいつの間にか「大坊ダムのマスコット」的存在に担ぎあげられていた。きっと森塚さんの仕業だ。

　「マスコットが、中学生になって帰ってきた」と、いろいろな人に言われた。私は、常連さんの仲間に入れたようで、少しうれしかった。

　また、ランナーの方々や父に刺激されたのがきっかけで、私はこの年から実際に萩往還に参加した。歩け歩け三十五キロの部だ。父も当然のように走った。徹夜後に歩くのは大変だったけど、ランナーの方々の苦労と感動を私も味わうことができたという思いで、とても充実した年だった。

（中略）

　四年目の今年も例年通り、徹夜でエイドをして、次の日歩くというパターンのゴールデンウィークとなった。何年たっても、このわくわく感は変わらない。どんな人と出会うのだろうかとか、前知り合った人と会えるのかなど、とにかく期待で胸がいっぱいになる。毎年、私の係はゼッケン番号調べ。大変だけど、この係が一番多くの人たちと接していると思う。「すみません、ゼッケン番号見せて下さい」と必ず呼びかけるし、反対に「○○番の人はもう来たかね？」と尋ねられたりもするからだ。

　今年も長い夜が始まった。四年もやってれば、顔なじみというか、知り合いの人も増える。森塚さんや、佐田先生が代表的な例だ。少なくとも二百人以上の人が通過するので、こっちが知らなくても、大坊ダムのマスコットとしての私を知っている人も少なくない。「今年もいるね」と話しかけられるのは、とてもうれしいものだ。

　ところで、今年は森塚さんと会うことができた。なんと、森塚さんは

2　スポーツボランティアの未来　　　133

私が受験生というのを覚えていてくれ、しかも北野天満宮のお守りを持ってきてくれた。「今回、これだけは届けようと思って。ここまではリタイアしたくないと思って。」

　二年ぶりに会った、森塚さんの笑顔は、以前と何一つ変わっていなかった。去年は、途中でリタイアされたのに、今年は、私が受験だという事を覚えておられて、ここまでこられた森塚さん。私とは、まだ二回しか会ったことがないというのに。

　こういう温かい人と出会えるから、私も他の人もエイドが続けられるのだ。来年もやろうという気になるのだ。ランナーの方々に、エネルギーを補給してあげるのがエイドの役割だ。だけど、私は反対に、ランナーの方々からエネルギーと感動を分けてもらっている。言葉では表せない、人間にとって一番大切なものを教えてもらっている。だから、たとえ得体のしれない生き物と遭遇するような真夜中のダムにでも、こうして毎年足を運ぶことになる。

　さてさて、今年は例の名物豆腐汁がグレードアップ。今まで、味付けは少し料理をかじっている父や、手伝いのお母さん方のだったが、今年は、居酒屋のマスターがプロの味を披露した。

（中略）

　遠い昔、サムライたちが歩いた道。そこには、自然とのふれあいがあり、人との出会いがあった。自然との戦いがあり、自分との戦いもあった。

　再び、私は想像する。サムライたちは、わらじの裏に種をつけて、オオバコを広げただけでなく、道を歩くことの素晴らしさを現代人にまで伝え、広げてきたのではないかと。それは、萩往環に参加するすべての人たちによって、確実に未来に受け継がれていくものだと、私は信じたい。

　そして、来年も私は、種を広げる一人として、この大会に参加したいと思う。森塚さん、佐田先生、エイドボランティアの人々、大坊のマスコットガールを覚えてくれているランナーの方々と再会するためにも。

出所：「第50回全国小・中学校作文コンクール」（読売新聞社主催）特選・読売新聞社賞
　　　受賞作品より

　ともにつくり上げるというのは、いわゆる行政や民間がという主体の争いではなく、関係するそれぞれが、立場を超えて関わり合うことで可能になる。選手は選手、ボランティアはボランティアという発想だけに捉われないイベント創りが、持続可能性の観点からも求められているのかもしれない。上記の作文には、そのリアリティがしっかりと記述されている。

134

企業とスポーツボランティア

　企業等の中には「ボランティア休暇制度」を構築している企業がある。ボランティア休暇制度とは、企業が従業員のボランティア活動への参加を支援・奨励する目的で、有給の休暇・休職を認める制度である。1990年代初めから、労働時間短縮の流れや企業に対する社会貢献の要請の高まりを受け、制度を設ける企業が急増した。1995年の「阪神・淡路大震災」における市民ボランティアの大活躍をきっかけに、企業だけでなく省庁ならびに各自治体の公務員にも同様の制度を導入する動きが広がっている。こうしたボランティア活動の内容にスポーツボランティアが含まれるかどうかは企業の考え方の一つであるが、単なる社会貢献やCSRといった観点ではなく、休暇である以上、社員の健康増進、士気の高揚に寄与する観点からもその分野を限定するべきではないだろう。スポーツを支える活動を積極的に支援してくれる企業が増えれば、休日だけではなく、平日のスポーツボランティアが盛んになり、スポーツ指導や地域のクラブ・団体の運営等による活性化が期待される。

　「ヤマハ発動機グループ」は、企業の中でも早くからスポーツ分野のボランティア活動を積極的に行っている。2004年から「4万人のV（ボランティア）作戦」を展開し、「従業員一人一人が年1回ボランティア活動をすること」を目指している。ヤマハ発動機の本社がある静岡県は、サッカーや野球といったスポーツが盛んな地域であることから、3割以上がスポーツに関わる活動を行っている。中でも、日本サッカー協会の公認審判員の有資格者も多く在籍し、各種大会の審判活動を行っている。また、過去には障がい者スポーツの一つである「ブラインドセーリング」のボランティア活動実績もある。

　最近では、東京2020大会を控え、そのゴールドスポンサーがボランティア育成に力を入れ始めている。中でも「三菱商事」は障がい者スポーツにおける貢献が大きい。もともと、障がい者の積極的な雇用を行う同社であるが、ウィルチェアーラグビー（車いすラグビー）の大会や車い

2 スポーツボランティアの未来　　135

すマラソン大会への協賛等、競技大会への関わりも長い。また、スポーツボランティア養成講座を開催するなどの取り組みも行っている。

　2020年を控え、企業がスポーツボランティアを意識した活動をしてくれるのは、スポーツボランティアの発展可能性の観点からも非常に望ましいことである。なぜなら、多くのスポーツイベントは企業スポンサーの支援によって成り立っているからである。過去にこんな話を聞いた。「このバナナにシールを貼ってください。作業は無言でやってください。」私が指導する学生が野球イベントで行ったスポーツボランティアの場面で、主催者側からこのような指示を受けたそうである。無言で作業する必要のないところで効率性が求められる。主催者側はボランティアをどのように認識したうえでこの指示を出したのだろうか。ボランティアはアルバイトではない。企業がスポーツボランティアを意識してくれることは、ボランティア側にとっても、活動環境や条件といった側面において有利である。上記のような事例もなくなってくるであろう。

　企業としても、スポーツボランティアを支援し、地域社会の発展や地域社会とかかわることを通じて従業員が成長することはメリットも大きい。それは、企業のコマーシャリズムを推し進めるためにスポーツボランティアがあるのではなく、企業とスポーツの新しい関わり方のモデルを提示するものでもある。わが国では、経済的な不況を発端に伝統的な企業スポーツ文化が衰退した歴史を持つ。企業には、今後のスポーツボランティアの育成や支援について、2020年を前にした一時的な沸騰や企業業績との連動により右往左往するのではなく、「文化としてのスポーツ」支援の立場から、そのあり方を模索してもらいたい。

支える、支えられる関係から支え合う関係へ
―スポーツボランティアを認識する力の醸成―

　スポーツ分野に限らず、現代社会においてボランティア活動は広く浸

透している。しかし、ボランティア活動は、相手があって成り立つ活動であることも忘れてはならない。近年では、ボランティア活動そのものが社会的にも評価され、ボランティアに対する支援や教育の機会も充実してきている。また、ボランティア活動を支援する中間支援組織も多分野において整備されつつある。しかし、その反面、忘れがちな視点がある。

それは、ボランティアにおいて最も難しいとされる、「相手との関係性」である。先にも述べたが、良くも悪くも、現在のボランティアをめぐる状況においては、「する側」に注目が集まっており「される側」への視点が少ないという懸念がある。同様に、スポーツボランティアが語られるとき、当然ではあるが、その話の中心はスポーツボランティア活動そのものである。やはり「ボランティアされる側」の視点が大きく欠けているわけである。

確かに、スポーツボランティアが主体的に関わるスポーツイベントが増え、活動が豊かになり、各メディア等でも特集が組まれるようにもなった。しかし、スポーツボランティアの根本は、スポーツを「する人」と、それを「支える人」の双方が人間関係を構築しているところにある。

> ボランティアとは、誰かが自分自身の「望み」を発端として別の誰か他人と出会い、二人がその「望み」を実現するために、ある活動をしているということである。
>
> （原田，2010：229）

原田氏が指摘するように、関係性の観点からスポーツボランティアを捉え直し、そのあり方について考えていくことは、スポーツボランティアの活動分野が多様化していることや、障がい者スポーツ支援のように支援対象が明確なスポーツボランティア活動も増加していることを含めて、とても大切なことである。

> 「一所懸命『頑張ってください。』『頑張れー。』と言われると、ジー

ンときますよね。特に 30km 過ぎてから、厳しい時に大きな声で一所懸命声をかけてくれるので、ちょっと泣きそうになりましたね。」

（東京マラソン参加者の声 [29] より）

　これまで何らかのスポーツを実践してきた人のほとんどが、わざわざスポーツボランティアと呼称されていなくとも、誰かに支えられて実践してきたはずだ。自分が出場した試合が、どれだけの人によって運営されていたのかをこれまで振り返ったことがあるだろうか。それだけでなく、審判やスポーツ指導者、あるいは日頃、少年団や各種クラブを運営されている方々は、有償、無償にかかわらず、その活動はボランタリーな精神に大きく支えられている。スポーツボランティアを認識する力を醸成することは、そもそもスポーツ実践が多様な支えによって可能になっていることを改めて認識可能にする。私たちのスポーツ活動は、そもそも「支え合い」によって実践されているのであり、それは当たり前でないことなのだ。スポーツに関わるすべての人々が、こうしたことを再認識することで、これまで以上のスポーツ環境が構築されるかもしれない。スポーツボランティア教育はこうした視点から展開されることが必要である [30]。

　グローバル化、少子高齢化、低成長・人口減少時代に突入した今日、大小かかわらずさまざまなスポーツ環境を維持するためには、それを支えるスポーツボランティアに大きな期待が数多くの分野から寄せられている [31]。また、スポーツを取り巻く資本や政治は、スポーツボランティ

---

(29)　「東京マラソン参加者の声」http://www.youtube.com/watch?v=e6ZKAEDbR4l（最終アクセス日：2016年11月1日）

(30)　二宮雅也（2016a）を参照。

(31)　特に、日本政府が推進するスポーツを通じた国際貢献事業（スポーツ・フォー・トゥモロー）や、JICAが展開する青年海外協力隊等におけるスポーツ分野の国際ボランティア活動への期待が大きい。また、地域におけるボランティア活動からNPO等に発展し、事業の担い手になることへの期待も大きい。

アという力を味方につけながら、ますます巨大化しつつある[32]。自ら主体的に関わる活動であるからこそ、スポーツボランティアについて考え、判断する、そのリテラシーがボランティア自身に問われ始めている。

　スポーツやスポーツボランティアを取り巻く環境は、2020年を控え、急激に変化しつつあるが、スポーツボランティアの笑顔あふれる活動が、選手の支えであることは変わらない。その笑顔と支えが継続されるためにも、スポーツボランティアを多方面から評価し、よりよい活動へと発展させていくことが必要である。本書を通じ、一人でも多くの方にスポーツボランティアの魅力が伝わり、実践のきっかけとなれば幸いである。

第2回さいたま国際マラソン2016、給水ボランティアに参加した文教大学生

---

(32) 小笠原博毅、山本敦久（2016）を参照。

column スポーツボランティアにかける夢

宇佐美 彰朗

　私は 1968 年のメキシコから 3 大会続けてオリンピックにマラソン選手として出場しました。現在、「スポーツボランティア」の育成のため、仲間と立ち上げたボランティア組織を運営し、講師として指導にも当たっています。

　「市民の手で、東京都心でのフルマラソンを実現したい」。そんな夢を抱いて「日本スポーツボランティア・アソシエーション（NSVA）」を名乗り、活動を始めたのがちょうど 2000 年の頃です。思いのほか賛同者が集まり、「特定非営利活動（NPO）法人」として認可を受けました。

　その後、スポーツ大会の主催や協賛、視覚障がいのあるランナーのための伴走者研修会、国際交流や地方に出向いてのラン＆ウォーク・クリニック開催など、活動の幅を広げてきました。

　NPO 法人 NSVA は会員制をとっており、会員には、年に 4 回ほどボランティアを求めている団体やイベントの情報を提供し、各地で活躍してもらっています。

　これまで特に視覚障がい者の支援では笹川スポーツ財団からの支援等を得て、「伴走教室の出前指導」を北海道から沖縄まで全国で展開し、手ごたえを感じています。同財団が設立した「特定非営利活動法人日本スポーツボランティアネットワーク（JSVN）」では当初から講師を仰せつかり、指導にも力を入れています。

　日本に、スポーツボランティア文化を定着させたい。その思いから、当初から NSVA 内に「日本スポーツボランティア学会」をつくり、議論も重ねています。私が特に強調してきたのは、日本の教育では子どもたちに受け身の姿勢が目立ち、スポーツ分野でも「指示待ち」の傾向がある、ということです。

　スポーツボランティアに参加することは、そうした体質を打破して社

会のために貢献する絶好の機会になります。指示待ちでなく、自らすすんで行動する人たちが増える。いわゆる市民スポーツとは、そういうものでなければいけない、と考えるのです。

　そのためにも、日本でのスポーツボランティアがどうあるべきか、その姿を追求することも大切です。ボランティアですから、手弁当で活動し、報酬は受け取らないのが原則でしょう。しかし国によって習慣やしきたりも異なり、一刀両断はできません。思いやりや謙譲心といった日本人の美点を生かしつつ、みんなが楽しく参加できる仕組みを構築したい。諸外国の例なども参考にしながら、よりよい形にしていくべきでしょう。

　東京2020オリンピック・パラリンピックまで4年を切りました。スポーツボランティアという活動が、他の分野のボランティアに負けないよう私も皆さんとともに走り活動し続けます。

宇佐美 彰朗　Usami Akio
NPO法人NSVA 理事長

1943年、新潟県出身。東海大学名誉教授、NPO日本スポーツボランティア・アソシエーション（NSVA）理事長。日本大学陸上競技部入部後、本格的に陸上競技に取り組む。大学卒業まで「箱根駅伝競走」は連続3回出場、区間賞、区間2位、3位を獲得。オリンピック競技大会には、第19回メキシコ大会（1968、メキシコ）、第20回ミュンヘン大会（1972、ドイツ）、第21回モントリオール大会（1976、カナダ）に連続3回、マラソン選手（内2回は一万メートル代表も兼ねた）として出場した。1999年2月より「宇佐美マラソン・スポーツ研究室」を開所し研究室代表も務める。

おわりに

　本書を手にした人の中には、初めてスポーツボランティアという文字を目にした人もいるかもしれない。あるいは、スポーツボランティアを実践したいと思っていても、その一歩を踏み出せずにいる人もいるかもしれない。はたまた、これまでの活動実績をベースに、虎視眈々と東京2020オリンピック・パラリンピックでのボランティア活動を狙っている人も多いかもしれない。スポーツボランティア活動が盛んになることは、「する・観る・支える」といったスポーツへの関わり方が多様になるという意味で、非常に歓迎すべきことである。しかし、スポーツを「する・観る」という、スポーツへの直接的な関わり方に対して、スポーツボランティアは、スポーツ実践者のスポーツ活動を「支える」という、ちょっと不思議な活動でもある。

　確かに東京2020オリンピック・パラリンピックを前にスポーツボランティアへの注目度は各方面から高まりつつある。実際に、2015年1月に東京都が開催した「オリンピック・パラリンピックに向けたボランティアシンポジウム」では、1,700人もの応募があり抽選になったほどである。また、2007年から毎年開催されている東京マラソンのボランティアは先着順で募集されるが、募集開始から約1日で1万人の

ボランティアが集まってしまうほどの盛況である。さらに、スポーツボランティアを学ぼうとする人も多い。日本スポーツボランティアネットワークが開催しているスポーツボランティアに関する各種講座には、休日にもかかわらず多くの人が集まり、真剣に学習している。また、全国において自治体や関係団体が主催するスポーツボランティアに関する講習会等の数も圧倒的に増えている。

　なぜこのようにスポーツボランティアは拡大しているのか。ここには、大きく二つのベクトルがある。スポーツボランティアの実践が各方面で活発になるということは、活動そのものがとても魅力的であるということである。長期にわたりさまざまなスポーツボランティアに参加されてきた方は、魅力的なイベントやクラブサポートに邂逅し、今まさに充実したスポーツボランティアライフを送られている。また、2020年を控えた今日、オリンピック・パラリンピックにボランティアとして参加してみたいという一人一人の鼓動の高まりが大きくなっているのもその要因であろう。そうした「スポーツボランティアへの参加ニーズ」が、一つのベクトルを形成している。

　もう一つは、「スポーツボランティアを必要とするニーズ」の高まりである。市民参加型のマラソン大会をはじめとする各種スポーツイベント、全国に展開するＪリーグのクラブのサポートや総合型地域スポーツクラブの運営、あるいは、障がい者スポーツの推進等、スポーツの人的資源としてのスポーツボランティアへの期待が大きくなっている。こうした

おわりに　　143

ニーズの高まりが、もう一つのベクトルを形成している。

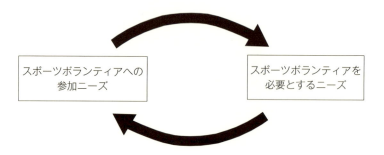

　活動が過熱化するスポーツボランティアの魅力は一体何なのか。本書では、スポーツボランティアの魅力を各方面から探るとともに、スポーツボランティア実践者のライフスタイルや活動内容を具体的に取り上げ、そのリアリティに迫ることを目的とした。また、さまざまなスポーツボランティア活動を紹介しながら、スポーツボランティア実践者の声も交え、その魅力に迫った。
　本書を書き終えようとしている現在、私はゼミ生9名と熊本に来ている。もちろん、目的は震災ボランティアだ。2016（平成28）年4月に発生した「熊本地震」では、最大震度7の余震と本震が二回にわたって起こったことから、被害が拡大した。私たちが現地に入ったのは約半年後のことであったが、その風景は悲惨を極め、レンタカーの中で涙を浮かべる学生がいたほどだ。
　私たちは、益城町の小学校に向かい、そこで現地の子ども

たちと学童保育を通じてふれ合った。校庭で大学生たちと
サッカーをしたり、教室の中で勉強や絵描きをするその姿か
らは、悲しみや絶望は感じられない。まさに、元気いっぱい
の子どもたちである。

　ボランティア活動には正解はない。何が対象にとって支え
になるかは、実に不明瞭である。私たちは、どこかで「心の
ケア」を意図していたのかもしれないが、子どもたちのニー
ズは「楽しい時間を過ごしたい（一緒に楽しく遊びたい）」
という一言に尽きるだろう。サッカーをしたり、一輪車をし
たり、縄跳びをしたり、絵描きをしたり、ただ戯れたり、お
話をしたりがそれである。

　私には、彼ら学生の活動は立派なスポーツボランティアの
一つに見える。しかし、派遣を後押ししてくれた大学も、受
け入れてくれた小学校の学童クラブも、「震災関連ボランティ
ア」として解釈するだろう。ただ子どもたちにとっては、そ
のネーミングはどうでもよいのであり、「楽しい時間を過ご
したい（一緒に楽しく遊びたい）」のである。これこそがボ
ランティアの本質の見極めである。

　ボランティア活動が多様化しカテゴリー化が進む一方で、
その本質の見極めが難しくなっている現状もある。カテゴ
リー化に捉われることなく、自発性に基づく活動の連続の中
に、「支え合い」の社会が形成されることを願う。

　この本の編集にあたり、お忙しい中、貴重なコラムを書
いてくださった、西川さん、星野さん、泉田さん、鈴木さ

おわりに　　145

ん、インタビューにご協力いただいた、JSVN の但野さん、NSVA の宇佐美さん、データのご提供にご協力いただいた JSVN の工藤さん、東京マラソン財団の山本さん、作業の遅れにもかかわらず温かいご支援をくださった悠光堂の佐藤さん、編集の遠藤さん、制作の冨永さん、校正作業をサポートしてくれた、大学院生の水野さん、ゼミ生の岩崎さんに心より感謝申し上げます。

　皆さんのお力添えがなければ、本書の完成は叶いませんでした。

　最後に、大切な家族の時間をたくさん削ってしまったことを猛省するとともに、妻の亜記子と息子の優斗に最大の感謝を捧げます。

引用・参考文献

「あゆみ　日本盲人マラソン協会の30年」編集委員会（2012）『あゆみ　日本盲人マラソン協会の30年』特定非営利活動法人日本盲人マラソン協会

稲葉茂勝［文］（2015）『時代背景から考える日本の6つのオリンピック②1972年札幌大会＆1998年長野大会』大熊廣明［監修］ベースボール・マガジン社

内海成治・入江幸男・水野義之［編］（2004）『ボランティア学を学ぶ人のために』世界思想社

内海成治・中村安秀［編］（2014）『新ボランティア学のすすめ―支援する／されるフィールドで何を学ぶか』昭和堂

海野和之（2014）『社会参加とボランティア』八千代出版

小笠原博毅・山本敦久［編著］（2016）『反東京オリンピック宣言』航思社

こどもくらぶ［編］（2014）『Q&Aでわかる！はじめてのスポーツボランティア①「スポボラ」ってなに？』日本スポーツボランティアネットワーク［監修］ベースボール・マガジン社

こどもくらぶ［編］（2014）『Q&Aでわかる！はじめてのスポーツボランティア②どんなことをするの？』日本スポーツボランティアネットワーク［監修］ベースボール・マガジン社

こどもくらぶ［編］（2014）『Q&Aでわかる！はじめてのスポーツボランティア③どうしたら参加できる？』日本スポーツボランティアネットワーク［監修］ベースボール・マガジン社

こどもくらぶ［編］（2014）『Q&Aでわかる！はじめてのスポーツボランティア④オリンピック・パラリンピックに参加！』日本スポーツボランティアネットワーク［監修］ベースボール・マガジン社

小林勉（2013）『地域活性化のポリティクス―スポーツによる地域構想の現実』中央大学出版部

清水諭［編］（2004）『オリンピック・スタディーズ―複数の経験・複数の政治』せりか書房

新出昌明（2006）「スポーツボランティアの組織化」山下秋二・畑攻・中西純司・冨田幸博［編］『スポーツ経営学』大修館書店

鈴木邦雄（2016）「盲人マラソンと伴走ボランティア～『何時でも・何処

でも・誰でも』を目指して～」早稲田大学スポーツ科学学術院　塩田琴美
［編］『障がい者スポーツから広がるスポーツの輪―誰もが楽しめる生涯
のスポーツとしてのガイドブック―』

谷口広明・二宮雅也（2013）「パラリンピックコーチのトレーニング以外に
おける選手活動支援に関する質的調査」日本スポーツボランティア学会
［編］「スポーツボランティア学研究　第4巻」創芸社

中山淳雄（2013）『ボランティア社会の誕生～欺瞞を感じるからくり～』三
重大学出版会

二宮雅也（2010）「スポーツへの多様なかかわり方 ―「支えるスポーツ」を
例に―」「学研・教科の研究　保健体育ジャーナル［91号］」学研教育みら
い

二宮雅也（2012）「スポーツボランティアからの発展と脱却―まちづくりボ
ランティア活動の軌跡―」日本スポーツボランティア学会［編］『スポー
ツボランティア学研究　第3巻』創芸社

二宮雅也（2014a）「チャレンジ！　スポーツボランティア」一般財団法人
家庭クラブ『FHJ 2月3月号』

二宮雅也（2014b）「地域創生への鍵―ボランティア・市民活動・NPO―」
公益財団法人いきいき埼玉『あぷろく　第24号』

二宮雅也（2014c）「スポーツボランティアの展望と教育的課題」『学研・
教科の研究　保健体育ジャーナル［102号］』学研教育みらい

二宮雅也（2016a）「オリンピック・パラリンピックとスポーツボランティ
ア教育」公益社団法人全国スポーツ推進委員連合［編］『みんなのスポー
ツ　第38巻第3号』

二宮雅也（2016b）「ボランティア化する社会と身体 大学生を取り巻くボラ
ンティアの状況」山本敦久［編］『身体と教養―身体と向き合うアクティ
ブ・ラーニングの探求』ナカニシヤ出版

二宮雅也・宇佐美彰朗・鈴木邦雄（2013）「日本スポーツボランティアア
ソシエーション会員のボランティア観」日本スポーツボランティア学会
［編］『スポーツボランティア学研究　第4巻』創芸社

日本スポーツボランティア学会［編］（2008）『スポーツボランティアハン
ドブック』明和出版

原田隆司（2005）「第14章　ボランティアというかかわり」井上俊・船津衛
　［編］『自己と他者の社会学』有斐閣アルマ

原田隆司（2010）『ポスト・ボランティア論―日常のはざまの人間関係』ミ
　ネルヴァ書房

原田宗彦［編著］（2011）『スポーツ産業論 第5版』杏林書院

平田竹男・河合純一・荒井秀樹［編著］（2016）『パラリンピックを学ぶ』
　早稲田大学出版部

藤田紀昭（2016）『パラリンピックの楽しみ方』小学館

藤田紀昭・齊藤まゆみ・清水諭・友添秀則（2013）「［座談会］障がい者
　のスポーツ：その課題と可能性」清水諭［編］『現代スポーツ評論　第29
　号』創文企画

間野義之（2016）「スポーツを生かした地方創生第3回ビックイベント開催
　により、人と人との絆を深めながら復興、街づくりをめざす釜石」　公益
　財団法人日本体育協会『Sports Japan,Vol.27』

向井清史（2015）『ポスト福祉国家のサードセクター論―市民的公共圏の担
　い手としての可能性』ミネルヴァ書房

守本友美・吉田忠彦［編著］（2013）『ボランティアの今を考える―主体的
　なかかわりとつながりを目指して』ミネルヴァ書房

早稲田大学競技スポーツセンター（2016）『早稲田アスリートプログラム テ
　キストブック』ブックウェイ

資料

岐阜市生涯学習センター主催　平成27年度ボランティア基礎講座におけるFC
　岐阜運営ボランティア「グリーンズ」の説明資料（2013.3.26配布）

公益財団法人日本障がい者スポーツ協会（2016）「障がい者スポーツの歴史
　と現状」

笹川スポーツ財団（2014）「スポーツ白書〜スポーツの使命と可能性〜」

笹川スポーツ財団（2014）「スポーツ・ライフデータ2014」

笹川スポーツ財団（2015）「青少年のスポーツ・ライフデータ2015—10代の
　スポーツライフに関する調査報告書」

スポーツ庁オリンピック・パラリンピック教育に関する有識者会議（2016）
　「オリンピック・パラリンピック教育の推進に向けて最終報告」

東京都・公益財団法人東京オリンピック・パラリンピック競技大会組織委員
　会（2016）「東京2020大会に向けたボランティア戦略（案）」

東京都生活文化局（2015）「都民のスポーツ活動に関する世論調査<概要>」

東京のオリンピック・パラリンピック教育を考える有識者会議（2015）「東
　京のオリンピック・パラリンピック教育を考える有識者会議 最終提言」

内閣府政府広報室（2015）「『東京オリンピック・パラリンピックに関する
　世論調査』の概要」

日本スポーツボランティアネットワーク（2015）「日本スポーツボランティ
　アネットワーク会員団体の登録者およびスポーツボランティア養成プログ
　ラム受講者に対するスポーツ意識調査　報告書」

日本スポーツボランティアネットワーク（2016a）「スポーツボランティ
　ア・上級リーダー養成研修会 テキスト」

日本スポーツボランティアネットワーク（2016b）「スポーツボランティア
　サミット2015報告書 地域で活動するスポーツボランティアの重要性 〜大
　規模スポーツイベント開催決定を機に 自らの地域における活動を見直す
　〜」

文部科学省（2012）「スポーツ基本計画」

文部科学省国立教育政策研究所社会教育実践研究センター（2014）「ボラン
　ティアに関する基礎資料」

文部科学省スポーツ・青少年局スポーツ振興課（2013）「体力・スポーツに

関する世論調査（平成25年1月調査）」

文部科学省スポーツ・青少年局スポーツ振興課（2014）「健常者と障害者の
　スポーツ・レクリエーション活動　連携推進事業（地域における障害者の
　スポーツ・レクリエーション活動に関する調査研究）報告書」笹川スポー
　ツ財団

文部科学省スポーツ・青少年局スポーツ振興課（2015a）「スポーツにおけ
　るボランティア活動活性化のための調査研究（スポーツにおけるボラン
　ティア活動を実施する個人に関する調査研究）報告書」笹川スポーツ財団

文部科学省スポーツ・青少年局スポーツ振興課（2015b）「『スポーツにお
　けるボランティア活動活性化のための調査研究（スポーツにおけるボラン
　ティア活動を担う組織・団体活性化のための実践研究）』報告書」笹川ス
　ポーツ財団

文部科学省スポーツ・青少年局スポーツ振興課（2015c）「スポーツボラン
　ティア・運営ガイドブック～スポーツイベントのボランティアを知る～」
　笹川スポーツ財団

文部省スポーツにおけるボランティア活動の実態等に関する調査研究協力者
　会議（2000）「スポーツにおけるボランティア活動の実態等に関する調査
　研究報告書」

二宮雅也（にのみや・まさや）

文教大学人間科学部人間科学科准教授。
NPO法人日本スポーツボランティアネットワーク（JSVN）理事、NPO
法人日本スポーツボランティア・アソシエーション（NSVA）理事。
スポーツ庁オリンピック・パラリンピック教育に関する有識者会議委員。
東京オリンピック・パラリンピック競技大会組織委員会ボランティアアド
バイザリー会議メンバー。
1977年宮崎県延岡市生まれ。筑波大学大学院体育研究科修了。㈱関西計
画技術研究所研究員、㈱北海道二十一世紀総合研究所研究員、上智大学嘱
託講師、稚内北星学園大学専任講師を経て2010年4月より現職。
専門領域は、スポーツ社会学、健康社会学、地域活性論。
主な著書に『出来事から学ぶカルチュラル・スタディーズ』（共著、ナカ
ニシヤ出版：近刊予定）、『身体と教養－身体と向き合うアクティブ・ラー
ニングの探求』（共著、ナカニシヤ出版）、『スポーツボランティアハンドブッ
ク』（共著、明和出版）など。

スポーツボランティア読本
「支えるスポーツ」の魅力とは？

2017年1月20日　　初版第一刷発行

著　者	二宮 雅也
発行人	佐藤 裕介
編集人	遠藤 由子
制　作	冨永 彩花
発行所	株式会社 悠光堂
	〒104-0045 東京都中央区築地 6-4-5
	シティスクエア築地 1103
	電話：03-6264-0523　FAX：03-6264-0524
	http://youkoodoo.co.jp/
デザイン	株式会社 シーフォース
印刷・製本	株式会社 シナノパブリッシングプレス

無断複製複写を禁じます。定価はカバーに表示してあります。
乱丁本・落丁版は発行元にてお取替えいたします。

ISBN978-4-906873-84-5　C0075
©2017 Masaya Ninomiya, Printed in Japan